Dirk Lippold
Digital (mit)denken – analog lenken

Dirk Lippold

Digital (mit)denken – analog lenken

Eine Roadmap durch die Digitale Transformation

DE GRUYTER
OLDENBOURG

ISBN 978-3-11-070593-5
e-ISBN (PDF) 978-3-11-070595-9
e-ISBN (EPUB) 978-3-11-070602-4

Library of Congress Control Number: 2020938214

Bibliografische Information der Deutschen Nationalbibliothek
Die Deutsche Nationalbibliothek verzeichnet diese Publikation in der Deutschen Nationalbibliografie;
detaillierte bibliografische Daten sind im Internet über http://dnb.dnb.de abrufbar.

Druck und Bindung: CPI books GmbH, Leck

www.degruyter.com

If you can do it, teach it.

If you can teach it, write about it.

Vorwort

Die Digitalisierung – basierend auf dem Internet als Querschnittstechnologie – verändert unsere wirtschaftlichen und sozialen Lebensbereiche zunehmend. Die zugehörige digitale Transformation von Informations-, Kommunikations- und Transaktionsprozessen hat für alle Unternehmen zu neuen Aktionsfeldern mit ungeahnten Chancen geführt. Die technischen Fortschritte als Ursache der digitalen Transformation finden auf mindestens vier Gebieten statt: Internet der Dinge, Roboter, künstliche Intelligenz und 3D-Druck. Die erfolgreiche Bearbeitung dieser Aktionsfelder erfordert allerdings ein neues Verständnis über die Funktionsweise von digitalen Märkten und deren handelnden Akteuren. Damit stehen Unternehmen vor Veränderungen, die alle Branchen betrifft – aber eben auch die Führung.

Für unsere Unternehmenslenker kommt es darauf an, den digitalen Wandel im Unternehmen anzustoßen, zu steuern und die Mitarbeiter mit auf den chancenreichen Weg der digitalen Transformation zu nehmen. Gefragt ist die hybride Führungskraft, die sowohl im digitalen wie auch im analogen Arbeitskontext Präsenz zeigt.

Das Buch ist keine wissenschaftliche und auch keine technische Abhandlung. Es ist vielmehr eine Roadmap für alle Stakeholder in unserer Wirtschaft: Vom CEO bis zum interessierten Studierenden, der vielleicht die Gründung eines Startups ins Auge fasst. An zehn Schnittstellen der digitalen Transformation wird deutlich gemacht, welche Relevanz die Digitalisierung für unsere Unternehmenslenker hat bzw. haben sollte. Die zehn Schnittstellen entlang unserer Unternehmen sind:

- Digitalisierung und Unternehmen
- Digitalisierung und Arbeit
- Digitalisierung und Unternehmensführung
- Digitalisierung und Generationenwechsel
- Digitalisierung und Unternehmenskultur
- Digitalisierung und Personalführung
- Digitalisierung und Marketing/Vertrieb
- Digitalisierung und Social Media
- Digitalisierung und Organisation
- Digitalisierung und Change

Besonders bedanken möchte ich mich bei Dr. Stefan Giesen und André Horn, die dieses Projekt verlagsseitig gefördert haben. Außerdem gilt mein Dank Michael Thiedemann, Lukas Jennerjahn und Van Nguyen für ihre Korrekturarbeiten. Zur besseren Lesbarkeit wird für alle Personen das generische Maskulinum verwendet.

Berlin, im Februar 2020   Dirk Lippold

https://doi.org/10.1515/9783110705959-001

Inhalt

X

1. Digitalisierung und Unternehmen

> *„Der entscheidende Unterschied zwischen der IT der 90er-Jahre und der Digitalisierung von heute ist, dass wir nicht mehr in Ursachen, sondern in Chancen denken können. Man muss sich einfach bewusst machen, dass es heute möglich ist, Unternehmensabläufe internetbasiert zu optimieren, bestehende Geschäftsfelder internetbasiert zu dynamisieren und/oder völlig neue Geschäftsmodelle internetbasiert zu entwickeln."*
>
> *[Andreas R. Fischer]*

Die Digitalisierung verändert uns. Sie wird die Entwicklung und den Fortbestand unserer Unternehmen maßgeblich bestimmen. Doch geht es nicht auch umgekehrt? Unsere Unternehmen sollten die digitale Transformation nutzen und möglichst nach ihrem Willen formen. Dazu ist das Wissen über entsprechende Werkzeuge erforderlich. Und dazu sind Unternehmenslenker erforderlich, die diese Werkzeuge zwar nicht verstehen müssen, aber in ihrer Wirkung beurteilen können. Gesucht werden Manager, die den digitalen Wandel in diesem, in ihrem Sinne steuern und die Mitarbeiter mit auf dem chancenreichen Weg der digitalen Transformation nehmen.

Die erste Sicht auf die Digitalisierung, mit der wir uns befassen, ist die Perspektive der Unternehmen. Was bedeutet die digitale Transformation für unsere Wirtschaft, für die verschiedenen Branchen, für das einzelne Unternehmen? Und überhaupt: Was ist eigentlich Digitalisierung? Oder besser: Was ist digitale Transformation? Wie breitet sie sich aus? Allgemein und in den einzelnen Unternehmen?

1.1 Digitalisierung und digitale Transformation

Die Digitalisierung ist eine der größten Herausforderungen für unsere Unternehmen. Das ist die einhellige Meinung aller derjenigen, die in der Wirtschaft Verantwortung tragen. Die Medienbranche, der Einzelhandel und die Musikindustrie durchleben diesen Wandel bereits seit Jahren. In anderen Bereichen wie Transport und Logistik, Automobil, Finanzwesen oder Maschinenbau hat der Wandel gerade begonnen. Vor diesem Hintergrund ändern sich aber nicht nur die Produkte, sondern auch die zugehörigen Serviceleistungen, die künftig eine noch höhere Bedeutung bekommen werden.

Doch was genau ist eigentlich Digitalisierung? Was bezeichnen wir mit digitaler Transformation? Dazu drei Erklärungsansätze:

https://doi.org/10.1515/9783110705959-002

Erstens: Bei der Digitalisierung im engeren Sinne werden analoge in digitale Objekte, also in eine **Folge von Nullen und Einsen** umgewandelt. Diese Definition ist natürlich zu kurz gegriffen und meint eigentlich nichts anders als IT (Informationstechnik).

Zweitens: "Digitalization is the use of digital technologies **to change a business model** and provide new revenue and value-producing opportunities; **it is the process of moving to a digital business"** [Quelle: Gartner Group]. Hier ist also die Veränderung des Geschäftsmodells der wesentliche Bestandteil der Definition.

Drittens: Einen Schritt weiter geht der Begriff „digitale Transformation", der stärker den durch digitale Technologien hervorgerufenen Wandel betont. Die digitale Transformation ist durch **fünf Handlungsfelder** gekennzeichnet [vgl. Kofler 2018]:

- Veränderung der Geschäftsmodelle
- Gestaltung des Kundenerlebnisses
- Weiterentwicklung interner Strukturen und Abläufe
- (Weiter-)Entwicklung digitaler Produkte
- Dienstleistungen sowie Etablierung einer Kultur und Infrastruktur, die Veränderungen, Kreativität und Innovation ermöglichen.

Dieser dritte, weiter gefasste Erklärungsansatz ist die Grundlage der Ausführungen in diesem Buch.

1.2 Digitalisierung und Disruption

In Verbindung mit der digitalen Transformation wird auch immer wieder der Begriff *Disruption* genannt. Was sind *disruptive* Innovationen und inwieweit unterscheiden sie sich von *evolutionären* Innovationen?

Disruption bezeichnet eine revolutionäre Veränderung des Marktes, indem alte Produkte oder Prozesse (typischerweise) vollständig von neuen und besseren Produkten/Prozessen ersetzt werden.

Der Begriff geht zurück auf Clayton M. Christensen, der in *„The Innovator's Dilemma"* die disruptive von der evolutionären Innovation abgegrenzt hat [vgl. Christensen 2011].

Demnach verbessern **evolutionäre Innovationen** etwas Bestehendes (Produkte, Prozesse, etc.) stetig entlang der Kundennutzen-Kurve. Ein Produkt wird also stetig erweitert und verbessert, so dass sich der Nutzen für den Kunden erhöht. Anbieter und Nachfrager sehen darin einen Fortschritt, der – sobald weitere Anbieter folgen – zu einer positiven Entwicklung des Marktes führt. Allerdings wird diese iterative Verbesserung typischerweise auch dann noch weitergeführt, wenn der Markt diese Verbesserung nicht mehr braucht.

Disruptiv sind dagegen jene potenziellen Innovationen, die nicht sofort Fortschritt bewirken, da sie sich nicht an einer bestehenden Nutzenkurve orientieren. Neue Produkte, die eine disruptive Innovation darstellen, sind bei Launch oft schlechter als das Marktangebot. Da sie allerdings vom gängigen Kundennutzen abweichen und Vorteile aufweisen, die von den meisten Anbietern und Nachfragern noch nicht als solche angesehen werden, eröffnen sie einen neuen Markt. Zudem werden diese neuen Entwicklungen anfänglich von den etablierten und marktbeherrschenden Unternehmen nicht richtig eingeschätzt oder sogar verhindert, eben weil sie den eigenen Markt gefährden. Der neue Markt wird aber bei Erfolg der disruptiven Innovation dem „alten" Markt die Teilnehmer entziehen, bzw. Verbraucher und Nachfrager aus verschiedenen Märkten in sich vereinen. Bekanntestes Beispiel hierfür ist der Smartphone-Markt, der durch Apple begründet wurde. Er vereinigte Millionen Verbraucher aus den zum Teil gesättigten Märkten Handy, Notebook, Laptop und Digitalkamera sowie auch mobile Spielekonsole in sich. Der Umkehrschluss ist folglich, dass die Anbieter der bestehenden Märkte ihrer Zielgruppen beraubt werden und so vor einem ausgehöhlten Geschäftsmodell stehen, obwohl sie mit vermeintlich besseren Produkten auftreten können [vgl. Knöchelmann 2014, S. 5 ff.].

Abbildung 1-1 stellt das Phänomen des *Innovator's Dilemma* illustrativ dar.

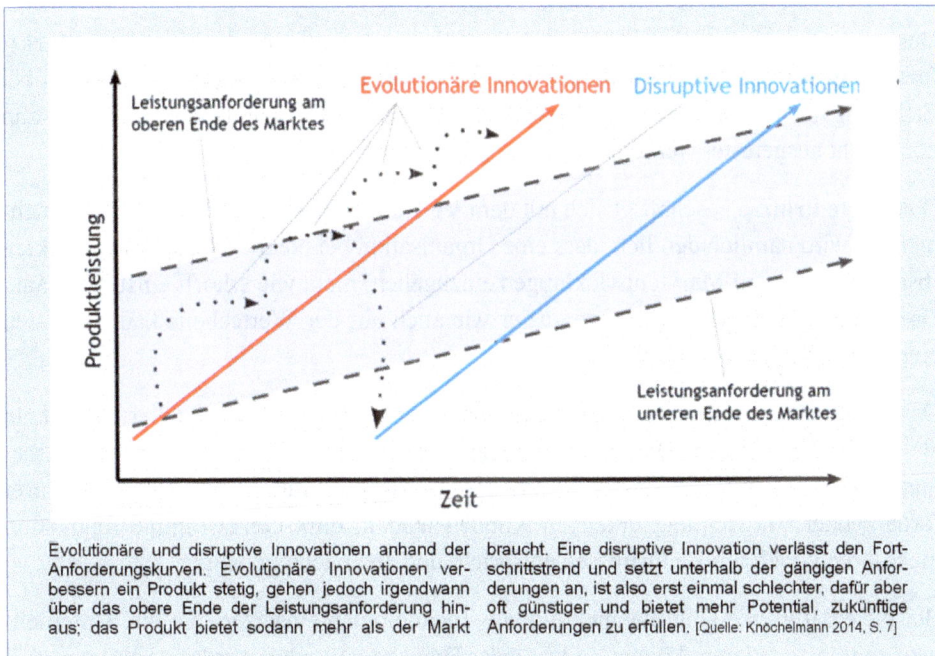

Evolutionäre und disruptive Innovationen anhand der Anforderungskurven. Evolutionäre Innovationen verbessern ein Produkt stetig, gehen jedoch irgendwann über das obere Ende der Leistungsanforderung hinaus; das Produkt bietet sodann mehr als der Markt braucht. Eine disruptive Innovation verlässt den Fortschrittstrend und setzt unterhalb der gängigen Anforderungen an, ist also erst einmal schlechter, dafür aber oft günstiger und bietet mehr Potential, zukünftige Anforderungen zu erfüllen. [Quelle: Knöchelmann 2014, S. 7]

Abb. 1-1:   Evolutionäre und disruptive Innovationen anhand der Anforderungskurven

Bemerkenswert ist in diesem Zusammenhang, dass nahezu alle bahnbrechenden Technologiesprünge, wie zum Beispiel die Entwicklung von der Schreibmaschine zur Textverarbeitung am Computer oder von der Petroleumlampe zum elektrischen Licht, von den Branchenführern verpasst wurden.

Nach Christensen [2011, S. 9 f.] sind es **fünf Prinzipien** disruptiver Innovationen, die führende und marktbeherrschende Unternehmen zu Fall bringen und bestehende Märkte neu ordnen. Sie sind wichtig, um die Veränderungskraft von Apple, Amazon oder auch Tesla zu verstehen.

Das **erste Prinzip** betrifft die **Ressourcenallokation**. Entscheider in Unternehmen setzen Ressourcen nicht für die jeweilige bestmögliche Verwendung ein. Stattdessen werden routiniert Ressourcen, nach Kundenbedürfnissen und zur Rentabilitätsmaximierung eingesetzt. Disruptive Innovationen sind anfangs weniger rentabel als evolutionäre Innovationen.

Das **zweite Prinzip** behandelt das **Wertesystem** der Unternehmen. Erfolgreiche Organisationen müssen Investoren befriedigen und mindestens in dem Maße wachsen, wie auch der Markt wächst. Gerade große Unternehmen können jedoch schwer Pionier für disruptive Innovationen sein und zugleich ihre Umsatzerwartungen befriedigen. Es sind ganz offensichtlich immer die kleinen und jungen Unternehmen, die auf eine neue Technologie setzen und damit alte Strukturen im Markt aufbrechen oder ganz zerstören. Sie entwickeln eigene Märkte und schaffen neue Geschäftsmodelle für ihre Branchen.

Das **dritte Prinzip** beschreibt, wie bei disruptiven Innovationen die klassische **Marktforschung** versagt. Das liegt daran, dass der Markt für eine disruptive Innovation bei Erfindung noch nicht besteht. Ob Services oder Produkte von Kunden gewollt sind, kann noch nicht ausgetestet werden.

Das **vierte Prinzip** beschäftigt sich mit dem **Veränderungspotenzial** großer Unternehmen. Es wird nämlich deutlich, dass eine Organisation bei Neubesetzung von Projekten (bspw. auch um auf Marktentwicklungen einzugehen) nicht wie erhofft umstellen kann. Das Unternehmen wird auf prozessualer wie auch auf der Werteebene kaum von den eingefahrenen Prinzipien abweichen.

Das **fünfte Prinzip** bezieht sich darauf, dass sich **Technologien** schneller entwickeln als Kundenbedürfnisse. Disruptive Innovationen setzen zwar unterhalb der Marktbedürfnisse an, so dass sie zunächst nicht als Konkurrenz wahrgenommen werden. Bei fortlaufender Entwicklung erkennen Kunden jedoch, dass die disruptive Innovation mehr ihren konkreten Bedürfnissen entspricht und auch noch günstiger ist.

Beispiele dafür, wie Unternehmen digitale Technologien einsetzen, um ihre Unternehmen zu transformieren, können in fast jeder Branche gefunden werden. Abbildung 1-2 zeigt einige Beispiele, die ein Gefühl dafür geben, in welche Richtung sich Märkte im Zuge der digitalen Transformation entwickelt haben.

Sektor/Branche	Alt	Neu
Kommunikation	Visitenkarten	Social-Media-Profile
	Brief	E-Mail
	Meeting	Videokonferenz
	Wandtafel	Smartboard
	Mobiltelefon	Smartphone
Mobilität / Antrieb	Kompass	GPS
	Pferdekutsche	Auto (autonome Fahrzeuge)
	Brennstoffmotor	Elektro / Brennstoffzelle
Gesundheit / Hygiene	Sehhilfe (Brille/Kontaktlinse)	Laser Operation
	Besen	Staubsaugerroboter
	Postnatale Untersuchung	Pränatale Untersuchung
	Röntgen	Elektroenzephalografie & MRT
	Holzbein	Biomechanische Prothesen
Entertainment	CD/DVD/Kino	Streaming
	Röhrenfernseher	Flachbildschirm
Dienstleistungen	Ladengeschäft	Online Shop
	Reisebüro	Buchungsplattform
	Steuererklärung (Papierform)	Digitale Abgabe
	Bargeld	Kreditkarte
	Bankfiliale	Online-Banking
Industrie (allgemein)	Buch (print)	E-Book
	Manufaktur	3-D-Drucker
	Fließbandarbeiter	Industrieroboter
Informationen	Akten	Digitale Datenbank
	Zeitung	Presseportal
	Analoge Kamera	Digitale Kamera
	Passwort	Fingerabdruck
	Enzyklopädie	Wikipedia

Abb. 1-2: Beispielhafte digitale Technologien, die Branchen verändert haben

1.3 Wie sich Digitalisierung im Unternehmen ausbreitet

Digitalisierung wirkt sich also auf alle Branchen und Sektoren aus. Maßgeblich verantwortlich für den **Diffusionsprozess** der Digitalisierung ist die Geschwindigkeit, in der neue Märkte durch Software erschlossen und verändert werden können. Hinzu kommt ein Veränderungsdruck bei vielen Unternehmen, der durch den veränderten Zugang (z.B. über digitale Plattformen) zu den Märkten zustande kommt [vgl. Kofler 2018, S. 31f.].

Während der Diffusionsprozess sich auf die Ausbreitung der digitalen Innovation in den einzelnen Märkten und auch bei den Kunden bezieht, beschreibt der Adoptionsprozess die Annahme der Digitalisierung innerhalb des Unternehmens. Die Adoption der Digitalisierung innerhalb der Unternehmen lässt sich gedanklich plausibel nachvollziehen, allerdings ohne dass für diesen **Adoptionsprozess** messbare Gesetzmäßigkeiten vorliegen. Abbildung 1-3 zeigt die plausiblen Zusammenhänge, die zu Veränderungen innerhalb von Unternehmen durch die Digitalisierung führen. Dabei zeigt sich, dass es **drei Impulsgeber** sind, die für ständig neue Herausforderungen im Unternehmen sorgen. Das sind die fortlaufende Weiterentwicklung der **digitalen Technologien**, die Erwartungen der **Kunden** aufgrund neuer Anforderungen und die Bedürfnisse sowie neue **digitale Geschäftsmodelle**.

Die neuen Herausforderungen erfordern eine neue Art zu arbeiten und eine neue Art, Projekte durchzuführen. Beides wiederum führt zu kulturellen Veränderungen im Unternehmen und zu einem neuen Führungsverständnis, geprägt von neuen Führungsrollen. Kulturelle Veränderungen im Unternehmen wiederum verändern Mitarbeiter. Zusätzlich werden neue Mitarbeiter gesucht, die ebenfalls über das Wissen der Potenziale von neuen Methoden, Technologien und Werkzeuge verfügen, so dass auch sie der neuen Art, Projekte durchzuführen, nachkommen können [vgl. Kofler 2018, S. 31].

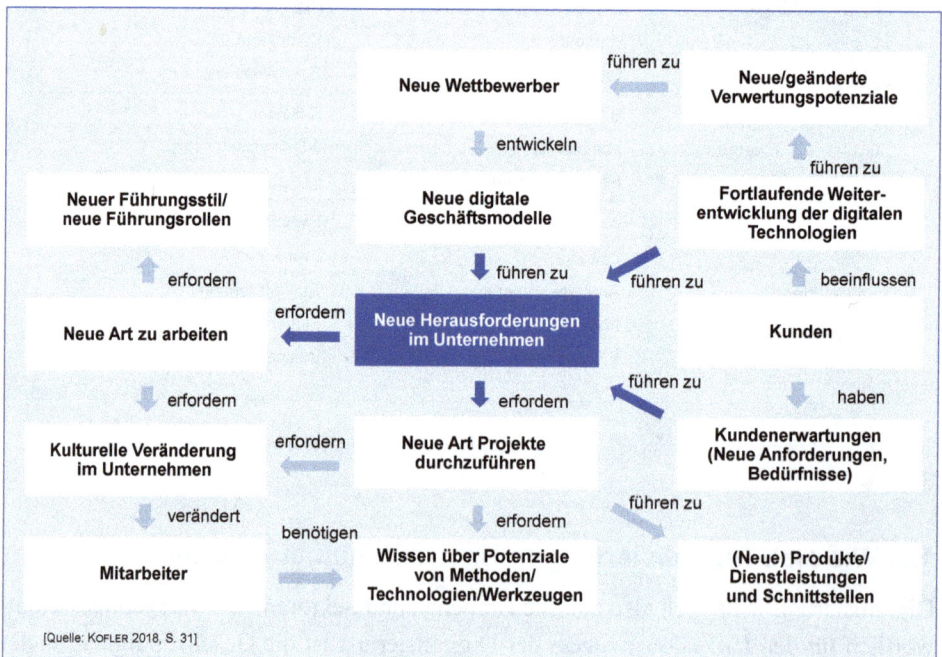

Abb. 1-3:   Zusammenhänge und Einflüsse der Digitalisierung auf Unternehmen

1.4 Elemente des digitalen Unternehmens

Mit Hilfe eines **Referenzmodells** soll im Folgenden dargestellt werden, welche Elemente die digitale Transformation in einem Unternehmen beinhaltet. Die Frage ist also, welche Bereiche im Unternehmen sind von der Digitalisierung betroffen. Wie lassen sich solche Bereiche (Menschen, Produkte, Systeme etc.) strukturieren?

Nach Appelfeller/Feldmann [2018, S. 3 ff.] sind es **10 Elemente**, die in einem Unternehmen entweder selbst digitalisiert und vernetzt werden oder aber hierfür die Voraussetzung schaffen (siehe Abbildung 1-4):

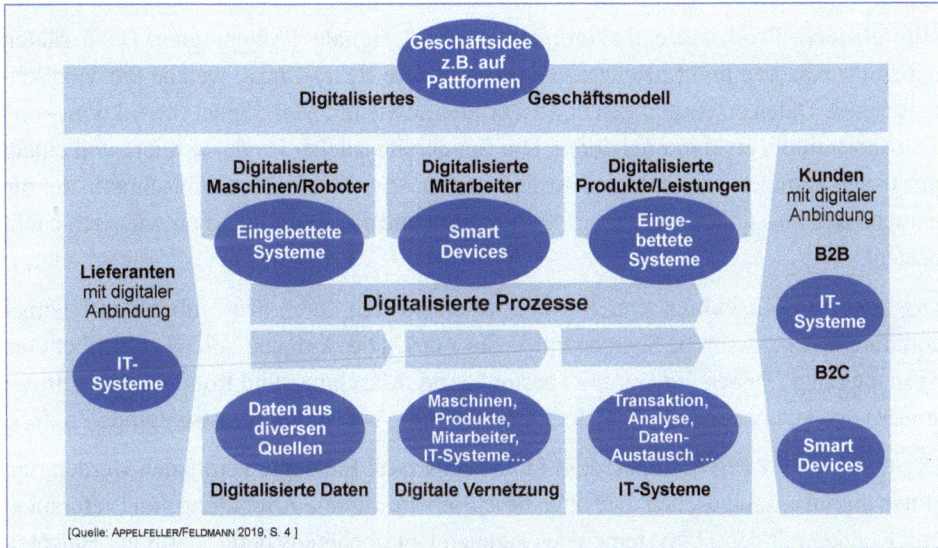

Abb. 1-4:   Elemente des digitalen Unternehmens (Referenzmodell)

Digitalisierte Prozesse stehen im Mittelpunkt des digitalen Unternehmens. Beispiele sind Logistik-, Produktions-, Vertriebs- oder auch Personalentwicklungsprozesse. Wird ein solcher Prozess von einem IT-System unterstützt, so handelt es sich um einen digitalisierten Prozess.

Digital angebundene Lieferanten sind Geschäftspartner auf der Beschaffungsseite. Der Datenaustausch mit ihnen erfolgt per E-Mail, über ein Lieferantenportal im Internet oder per EDI (Electronic Data Interchange). Das Ziel der digitalen Lieferantenanbindung besteht wie bei nahezu allen digitalen Prozessen in der Effizienzsteigerung.

Digital angebundene Kunden sind analog zu den Lieferanten Geschäftspartner, mit denen der Datenaustausch über die oben beschriebenen Kanäle erfolgt. Beim B2C-Kunden steht der internetgestützte, digitale Kundenzugang durch mobile Endgeräte wie Smartphones oder Tablets im Vordergrund. Bei B2B-Kunden richtet sich die digitale Anbindung vorrangig auf eine Effizienzsteigerung bei der Abwicklung unternehmensübergreifender Prozesse.

Digitalisierte Mitarbeiter sind Beschäftigte, die neben klassischen Computern mit mobilen Endgeräten ausgestattet werden. Durch den mobilen Zugriff auf IT-Systeme bzw. digitale Daten sollen die Mitarbeiter flexibler eingesetzt werden können.

Digitale Daten entstehen insbesondere durch die Überführung von analogen Größen in digitale Größen. Dies ist deshalb erforderlich, weil vielfach Daten wie Zahlen, Texte oder Zeichnungen noch analog in Papierform vorliegen. Digitale Daten können dagegen, ohne erst schriftlich bearbeitet zu werden, von Mitarbeitern direkt in IT-Systeme eingegeben oder aus anderen IT-Systemen über eine Schnittstelle übernommen werden, so dass sich dadurch die Effizienz steigern lässt.

Digitalisierte Produkte enthalten „implantierte" digitale Technologien. Dazu zählen neben Prozessoren und Speicherchips insbesondere RFID-Chips, welche die Möglichkeit bieten, Daten zu empfangen und zu senden sowie mit Maschinen, Produktions- und Transportmitteln zu kommunizieren. Die Bandbreite solcher Produkte reicht von einem mit vielen digitalen Technologien ausgestatteten Auto bis hin zum Kühlschrank, der die aktuelle Bestandshöhe an Lebensmitteln erkennt und diese bei Bedarf automatisch nachbestellt.

Digitalisierte Maschinen und Roboter zeichnen sich durch den Einbau von Kleinstcomputern (Prozessoren, Speicherchips etc.) aus. Die Aufgabe solcher eingebetteten Systeme (engl. *Embedded Systems*) besteht darin, Maschinen und Roboter zu regeln, zu steuern und zu überwachen. Ziel der Digitalisierung ist hier der selbststeuernde Prozess.

Digitale Vernetzung bedeutet, dass mindestens zwei Elemente verbunden werden, um Daten digital auszutauschen. Die oben beschriebene digitale Anbindung von Lieferanten und Kunden mit den IT-Systemen des eigenen Unternehmens liefert dafür ein Beispiel. Alles was vernetzt werden kann, wird im Zuge der angestrebten Effizienzsteigerung in Zukunft vernetzt.

IT-Systeme zählen definitionsgemäß zu den digitalen Elementen. Ihre Einführung ist grundlegend für die digitale Transformation von Unternehmen. Dabei stehen IT-Systeme wie ERP-, SCM- oder CRM-Systeme sowie Data Warehouse- und Dokumentenmanagement-Systeme (DMS) bei der Einführung im Fokus. Sie werden heute ergänzt durch Frameworks für das Thema Big Data oder die oben erwähnten eingebetteten Systeme für die Realisierung des Internet of Things.

Digitalisiertes Geschäftsmodell bezeichnet eine Geschäftsidee, deren Wertschöpfung komplett auf der Digitalisierung beruht. Die Digitalisierung wird genutzt, um das Leistungsspektrum des Unternehmens zu erweitern. Beispiele liefern digitale Plattformen, auf deren Basis Unternehmen Anbieter und Nachfrager zusammenbringen und dadurch Umsatz generieren.

Um nun den jeweiligen **Digitalisierungsgrad** eines Unternehmens zu bestimmen, legen Appelfeller/Feldmann [2018, S. 13 ff.] ein **Reifegradmodell** vor, mit dem auf der Basis der 10 Elemente gemessen werden kann, welchen Status ein Unternehmen beim Thema digitale Transformation bereits erreicht hat und wie es sich in Zukunft weiterentwickeln soll.

Fragt man die deutschen Unternehmen selbst, wie sie beim Thema Digitalisierung aufgestellt sind, so werden die Erfolge bei der digitalen Transformation skeptisch beurteilt (siehe dazu Abbildung 1-5).

In den Führungsetagen der deutschen Wirtschaft werden die eigenen Erfolge bei der Digitalisierung skeptisch beurteilt. Eine deutliche Mehrheit (58 Prozent) der Geschäftsführer und Vorstände gibt an, dass ihr Unternehmen bei der Digitalisierung noch ein Nachzügler sei. 3 Prozent meinen sogar, den Anschluss verpasst zu haben. Nur rund jedes dritte Unternehmen (36 Prozent) hält sich für einen Digitalisierungs-Vorreiter. Das ist das Ergebnis einer repräsentativen Umfrage unter 502 Unternehmen ab 20 Mitarbeitern im Auftrag des Digitalverbands Bitkom. Dabei gilt: Je größer die Unternehmen, desto eher sehen sie sich bei der Digitalisierung vorn. Von den Unternehmen mit 20 bis 99 Mitarbeitern sagen 34 Prozent, sie seien Vorreiter, bei jenen mit 100 bis 499 Mitarbeitern sind es 38 Prozent. Von den Unternehmen mit 500 bis 1.999 Mitarbeitern hält sich nahezu jedes zweite (47 Prozent) für einen Digitalisierungs-Vorreiter und unter jenen mit 2.000 oder mehr Mitarbeitern steigt der Wert sogar auf 71 Prozent. [Quelle: BITKOM-Pressemitteilung vom 03.01.2020]

Abb. 1-5: „Deutsche Wirtschaft läuft der Digitalisierung weiter hinterher"

So sind nur sehr wenige deutsche Unternehmen in daten- und netzwerkbasierten Geschäftsbereichen erfolgreich. Tech-Giganten wie Amazon, Google oder Facebook, die ihren Sitz durchweg in den USA haben, sucht man hierzulande vergeblich. So stufen 58 Prozent der Geschäftsführer und Vorstände quer durch alle Branchen ihre Firma auf dem Gebiet der digitalen Transformation als Nachzügler ein. Laut der Umfrage von Bitkom, für die rund 500 Unternehmen ab 20 Mitarbeitern befragt wurden, meinen sogar drei Prozent, bereits den Anschluss verpasst zu haben. Nur etwa jedes dritte Unternehmen (36 Prozent) zählt sich zu den Vorreitern der Digitalisierung [vgl. Amerland 2020].

Ganz offensichtlich hängen Digitalisierungsgrad und Unternehmensgröße zusammen. Je größer das Unternehmen ist, desto positiver fällt die Selbsteinschätzung aus. Während sich von Unternehmen in der Größenordnung von 20 bis 99 Mitarbeitern 34 Prozent als

Digitalisierungsvorreiter einstufen, sind es bei Firmen mit 100 bis 499 Mitarbeitern bereits 38 Prozent. Bei 500 bis 1.999 Mitarbeitern steigt der Anteil auf 47 Prozent, unter Firmen mit 2.000 und mehr Mitarbeitern betrachten sich gar 71 Prozent als Pioniere der digitalen Transformation.

Allerdings gibt nur etwa jedes dritte Unternehmen (38 Prozent) an, eine zentrale **Digitalstrategie** für das gesamte Unternehmen zu verfolgen. 37 Prozent haben zumindest für ausgewählte Unternehmensbereiche Strategien zur Digitalisierung entwickelt, aber jedes vierte Unternehmen (23 Prozent) verfügt über keinerlei Digitalstrategie.

Auch hierbei haben große Unternehmen und Konzerne die Nase vorn. Während Firmen mit mehr als 2.000 Mitarbeitern auf jeden Fall über eine Digitalstrategie verfügen, haben von den kleineren Unternehmen zwischen 20 und 99 Mitarbeitern 28 Prozent kein Konzept für den digitalen Wandel ihres Geschäftsmodells (siehe im Einzelnen dazu Abbildung 1-6).

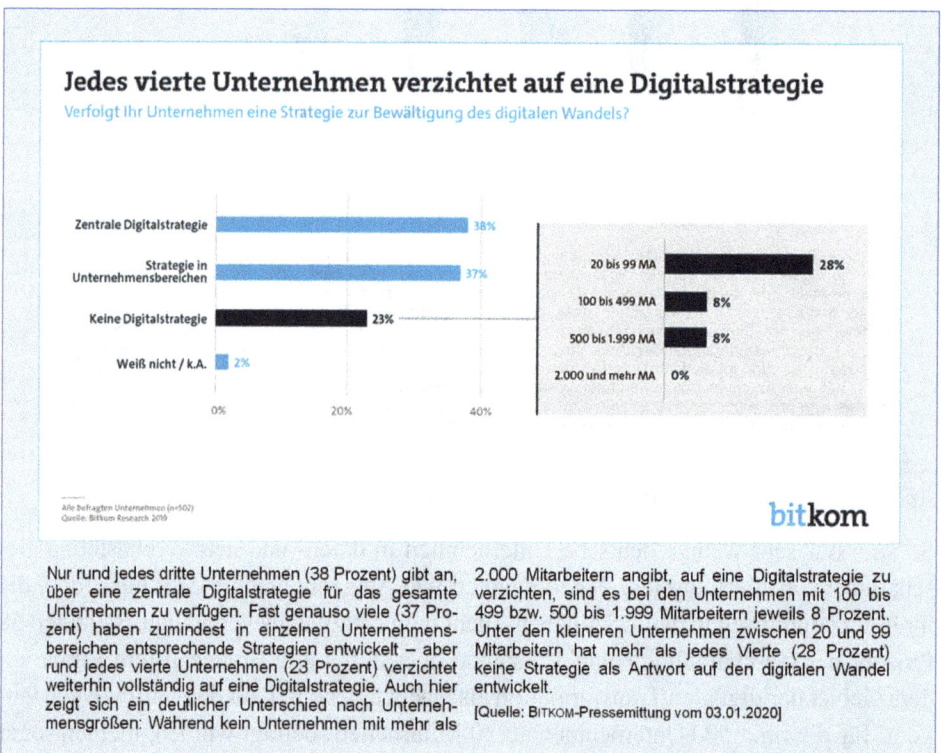

Jedes vierte Unternehmen verzichtet auf eine Digitalstrategie

Verfolgt Ihr Unternehmen eine Strategie zur Bewältigung des digitalen Wandels?

Zentrale Digitalstrategie	38%
Strategie in Unternehmensbereichen	37%
Keine Digitalstrategie	23%
Weiß nicht / k.A.	2%

20 bis 99 MA	28%
100 bis 499 MA	8%
500 bis 1.999 MA	8%
2.000 und mehr MA	0%

Alle befragten Unternehmen (n=502)
Quelle: Bitkom Research 2019

bit**kom**

Nur rund jedes dritte Unternehmen (38 Prozent) gibt an, über eine zentrale Digitalstrategie für das gesamte Unternehmen zu verfügen. Fast genauso viele (37 Prozent) haben zumindest in einzelnen Unternehmensbereichen entsprechende Strategien entwickelt – aber rund jedes vierte Unternehmen (23 Prozent) verzichtet weiterhin vollständig auf eine Digitalstrategie. Auch hier zeigt sich ein deutlicher Unterschied nach Unternehmensgrößen: Während kein Unternehmen mit mehr als 2.000 Mitarbeitern angibt, auf eine Digitalstrategie zu verzichten, sind es bei den Unternehmen mit 100 bis 499 bzw. 500 bis 1.999 Mitarbeitern jeweils 8 Prozent. Unter den kleineren Unternehmen zwischen 20 und 99 Mitarbeitern hat mehr als jedes Vierte (28 Prozent) keine Strategie als Antwort auf den digitalen Wandel entwickelt.

[Quelle: BITKOM-Pressemittung vom 03.01.2020]

Abb. 1-6:   „Jedes vierte Unternehmen verzichtet auf eine Digitalstrategie"

2. Digitalisierung und Arbeit

> *„Automatisierung vernichtet oder schafft Jobs*
> *– je nachdem, wie gut Firmen digital aufgestellt*
> *sind.“*   *[Simone Schnell]*

Unter den oben aufgeführten Elementen zählt der „digitalisierte Mitarbeiter" sicherlich zu den Akteuren, die im besonderen Blickpunkt unserer Gesellschaft stehen. Im Zusammenhang mit den Auswirkungen der fortschreitenden Digitalisierung auf den Arbeitsmarkt stellt sich immer wieder die Frage, inwieweit die Digitalisierung Arbeitsplätze ersetzt beziehungsweise überflüssig macht.

2.1 Arbeitsplätze im digitalen Wandel

Ein wichtiger Aspekt bei diesen Betrachtungen ist das sogenannte Substituierbarkeits-risiko. Es beschreibt die Wahrscheinlichkeit, dass die Aktivitäten eines Mitarbeiters durch die Digitalisierung automatisiert werden und damit der Arbeitsplatz wegfallen könnte. Arbeitsplätze mit hohem Substituierbarkeitsrisiko entfallen, Arbeitsplätze mit niedrigem Substituierbarkeitsrisiko verändern sich. Damit stellt sich die Frage, was das Substituierbarkeitsrisiko beeinflusst. Welche Tätigkeiten haben eine hohe, welche eine niedrige Automatisierungswahrscheinlichkeit? Ganz offensichtlich ist es so, dass standardisierte Arbeiten bzw. Routinetätigkeiten mit geringer Komplexität eine hohe Auto-matisierungswahrscheinlichkeit haben. Im produzierenden Bereich gilt dies seit langem; nunmehr trifft es auch immer mehr auf den administrativen Bereich zu. Viele Berufsbilder, die häufig von Sachbearbeitern wahrgenommen werden, und eine mittlere Qualifikation erfordern, sind aufgrund dieser Automatisierungsmöglichkeit bereits aktuell bedroht. Beispiele für eher mittel- bis langfristig bedrohte Berufsbilder sind die des Lkw-Fahrers, Postboten oder Kassierers im Supermarkt. Das autonome Fahren, der Einsatz von Drohnen und die Abwicklung über einen Self-Service sind hier die entsprechenden Substitutionsansätze. Ein niedriges Substituierbarkeitsrisiko haben dagegen kreative und soziale Berufe. Dies sind vor allem Tätigkeitsfelder mit komplexen nicht standardisierbaren Aufgaben und hohen Qualifikationsanforderungen, wissenschaftliche Berufe und auch Berufe mit ausgeprägten sensomotorischen Fähigkeiten (Physiotherapeuten, Zahnärzte etc.). Doch selbst bei tendenziell sicheren Berufen wird es im Rahmen der Digitalisierung zu Veränderungen der Arbeitsplätze kommen. Solche Mitarbeiter werden zunehmend IT-unterstützt, weniger papierbasiert, mobiler und in der Produktion langfristig mit Robotern Hand in Hand arbeiten [vgl. Appelfeller/Feldmann 2018, S. 63 ff.].

Grundsätzlich aber gilt, dass man sich nicht wegen der Möglichkeiten, die Digitalisierung bietet, sondern wegen veralteter Technik Sorgen um seinen Arbeitsplatz machen

https://doi.org/10.1515/9783110705959-003

muss. Schließlich vermindern veraltete Technologien die Wettbewerbstätigkeit vieler Betriebe und damit die Sicherheit der Arbeitsplätze (siehe Abbildung 2-1).

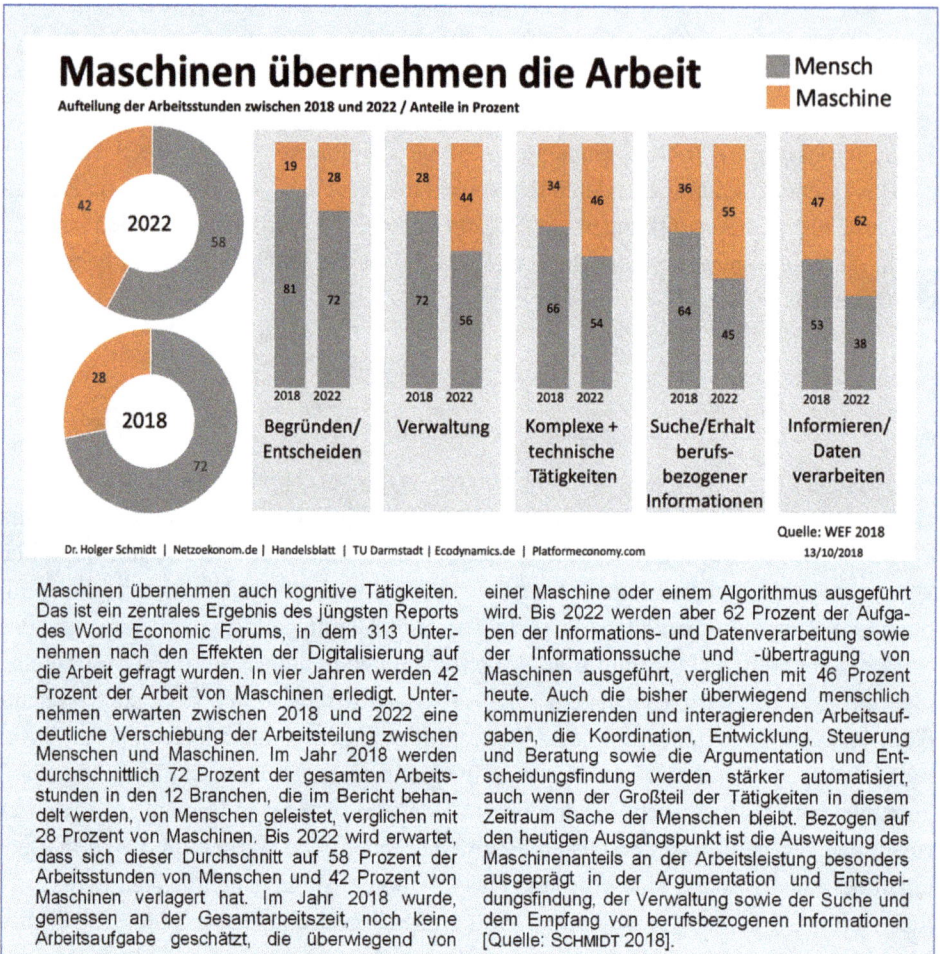

Maschinen übernehmen auch kognitive Tätigkeiten. Das ist ein zentrales Ergebnis des jüngsten Reports des World Economic Forums, in dem 313 Unternehmen nach den Effekten der Digitalisierung auf die Arbeit gefragt wurden. In vier Jahren werden 42 Prozent der Arbeit von Maschinen erledigt. Unternehmen erwarten zwischen 2018 und 2022 eine deutliche Verschiebung der Arbeitsteilung zwischen Menschen und Maschinen. Im Jahr 2018 werden durchschnittlich 72 Prozent der gesamten Arbeitsstunden in den 12 Branchen, die im Bericht behandelt werden, von Menschen geleistet, verglichen mit 28 Prozent von Maschinen. Bis 2022 wird erwartet, dass sich dieser Durchschnitt auf 58 Prozent der Arbeitsstunden von Menschen und 42 Prozent von Maschinen verlagert hat. Im Jahr 2018 wurde, gemessen an der Gesamtarbeitszeit, noch keine Arbeitsaufgabe geschätzt, die überwiegend von einer Maschine oder einem Algorithmus ausgeführt wird. Bis 2022 werden aber 62 Prozent der Aufgaben der Informations- und Datenverarbeitung sowie der Informationssuche und -übertragung von Maschinen ausgeführt, verglichen mit 46 Prozent heute. Auch die bisher überwiegend menschlich kommunizierenden und interagierenden Arbeitsaufgaben, die Koordination, Entwicklung, Steuerung und Beratung sowie die Argumentation und Entscheidungsfindung werden stärker automatisiert, auch wenn der Großteil der Tätigkeiten in diesem Zeitraum Sache der Menschen bleibt. Bezogen auf den heutigen Ausgangspunkt ist die Ausweitung des Maschinenanteils an der Arbeitsleistung besonders ausgeprägt in der Argumentation und Entscheidungsfindung, der Verwaltung sowie der Suche und dem Empfang von berufsbezogenen Informationen [Quelle: SCHMIDT 2018].

Abb. 2-1:   „Maschinen übernehmen die Arbeit"

Bis 2022 wird Technologie die Arbeitnehmer von vielen Aufgaben der Datenverarbeitung und Informationssuche befreien und sie auch zunehmend bei hochwertigen Aufgaben wie Argumentation und Entscheidungsfindung unterstützen. Letztlich sind es zwei parallele und miteinander verbundene Fronten des Wandels bei der Transformation der Belegschaft. Zum einen ist es ein massiver Rückgang einiger Rollen, da die Aufgaben innerhalb dieser Rollen automatisiert oder redundant werden. Zum anderen zeichnet sich ein ebenso massives Wachstum neuer Produkte und Dienstleistungen ab. Damit verbunden sind neue Aufgaben und Arbeitsplätze, die durch die Einführung neuer Technologien entstehen (siehe Abbildung 2-2).

Effekte der Digitalisierung auf Tätigkeiten

Zeitraum 2018 bis 2022 / Zahlen in Klammern: Anteile an Erwerbstätigen in Prozent in diesem Zeitraum

Stabile Tätigkeiten (53% →52%)	Neue Tätigkeiten (16% →27%)	Redundante Tätigkeiten (31% →21%)
• Geschäftsführer und Betriebsleiter • Software- und Anwendungsentwickler • Datenanalysten und Wissenschaftler • Vertriebs- und Marketingfachleute • Produktentwickler • Personalverantwortliche • Finanz- und Anlageberater • Datenbank- und Netzwerkprofis • Supply Chain und Logistik-Spezialisten • Spezialisten für Risikomanagement • Analysten für Informationssicherheit • Elektrotechnik-Ingenieure • Betreiber von Chemieanlagen • Dozenten an Universitäten und Hochschulen • Compliance-Beauftragte • Energie- und Erdölingenieure • Roboterspezialisten • Organisationsentwickler	• Datenanalysten und Wissenschaftler • KI- und Machine Learning-Spezialisten • Big Data Spezialisten • Spezialisten für digitale Transformation • Vertriebs- und Marketingfachleute • Neue Technologiespezialisten • Software- und Anwendungsentwickler • Spezialisten für Prozessautomatisierung • Informationen für Innovationsfachleute • Sicherheitsanalysten • Experten für E-Commerce/Social Media • User Experience und Human-Machine-Interaktionsdesigner • Spezialisten für Aus- und Weiterbildung • Roboterspezialisten und Ingenieure • Kulturspezialisten • Service- und Lösungsdesigner • Spezialisten für digitales Marketing und Strategie	• Dateneingabe • Buchhalter • Verwaltungs- und Exekutivsekretäre • Monteure und Fabrikarbeiter • Buchhalter und Wirtschaftsprüfer • Sachbearbeiter für Materialerfassung • Postbeamte • Finanzanalysten • Kassierer und Ticketverantwortliche • Mechaniker und Maschinenreparateure • Telemarketer • Elektro- und Telekommunikations-installateure und -reparateure • Kundenbetreuer in Banken • Fahrer von Pkw und Transportern • Vertriebs- und Einkaufsagenten • Statistik-, Finanz- und Versicherungskaufleute • Rechtsanwälte

Quelle: WEF 2018

Dr. Holger Schmidt | Netzoekonom.de | Handelsblatt | TU Darmstadt | Ecodynamics.de | Platformeconomy.com

13/10/2018

In allen untersuchten Branchen werden die aufstrebenden Berufe bis 2022 ihren Beschäftigungsanteil von 16 Prozent auf 27 Prozent der gesamten Mitarbeiterzahl der befragten Unternehmen erhöhen, während der Beschäftigungsanteil der abnehmenden Rollen von derzeit 31 Prozent auf 21 Prozent sinken wird. Etwa die Hälfte der heutigen Kernaufgaben - die den größten Teil der Beschäftigung in allen Branchen ausmachen - wird im Zeitraum bis 2022 stabil bleiben. Innerhalb der befragten Unternehmen, die insgesamt mehr als 15 Millionen Arbeitnehmer beschäftigen, gehen aktuelle Schätzungen von einem Rückgang um 0,98 Millionen Arbeitsplätze und einem Anstieg um 1,74 Millionen Arbeitsplätze aus. Zu den etablierten Rollen, die im Zeitraum bis 2022 eine steigende Nachfrage erfahren werden, gehören Datenanalysten und Wissenschaftler, Software- und Anwendungsentwickler sowie E-Commerce- und Social-Media-Spezialisten, die wesentlich auf dem Einsatz von Technologie basieren und diese erweitern. Es wird erwartet, dass auch Rollen wachsen, die ausgeprägte "menschliche" Fähigkeiten nutzen, wie Kundendienstmitarbeiter, Vertriebs- und Marketingfachleute, Training und Entwicklung, Kultur, Spezialisten für Organisationsentwicklung sowie Innovationsmanager.

[Quelle: SCHMIDT 2018]

Abb. 2-2:   „Effekte der Digitalisierung auf Tätigkeiten"

2.2 Maschinen schaffen mehr Arbeitsplätze als sie vernichten

Es lässt sich nicht wegdiskutieren, dass Computer, Algorithmen und Anwendungen mit Künstlicher Intelligenz Arbeitsplätze überflüssig machen. So kostete die Automatisierung in Europa von 1999 bis 2010 etwa 1,6 Millionen Jobs, besonders in der Produktion. Gleichzeitig wurden im gleichen Zeitraum aber rund drei Millionen neue Arbeitsplätze generiert. Macht unterm Strich ein Plus von fast 1,5 Millionen. Dies ist das Ergebnis einer Studie des Forschungsinstituts zur Zukunft der Arbeit (IZA) [vgl. IZA 2019].

Warum ist das so? Weil man Automatisierung nicht mit Digitalisierung gleichsetzen darf. Automation macht dann Menschen arbeitslos, wenn sie keine Chance bekommen, etwas anderes zu lernen oder sich weiterzubilden. So müssen viele Stellen abgebaut werden, wenn Deutschland die Chancen der neuen technologischen Entwicklungen verschläft. Die Digitalisierung ist in allen Branchen ein absolutes Muss, um wettbewerbsfähig zu bleiben. Produkte, Wertschöpfungsnetze und Unternehmenskultur wollen im Zuge der Digitalisierung weiterentwickelt werden. Daher brauchen Unternehmen trotz der disruptiven Situation dringend zusätzliche Arbeitskräfte. Das bedeutet: Die Digitalisierung kann Stellen schaffen, wenn man sie nur lässt [vgl. Schnell 2019].

Im Zuge der Digitalisierung wird sich also die Nachfrage nach einer Vielzahl völlig neuer Fachfunktionen und Branchenthemen im Zusammenhang mit dem Verständnis und der Nutzung der neuesten aufkommenden Technologien beschleunigen. Besonders gefragt sind künftig KI- und Machine Learning-Spezialisten, Big Data-Spezialisten, Prozessautomatisierungsexperten, Informationssicherheitsanalysten, Mensch-Maschine-Interaktionsdesigner, Robotik-Ingenieure und Blockchain-Spezialisten, aber auch Scrum Master oder Scrum Product Owner aus einer agilen Organisationsumgebung [vgl. Schmidt 2018].

Fazit: Bei hochqualifizierten Digital-Jobs, aber auch bei Jobs mittlerer Qualifikation im Handwerks- und im Pflegebereich trifft eine hohe Nachfrage auf zu wenige Bewerber mit entsprechenden Kompetenzen. Auf allen Gebieten, die mit zwischenmenschlichen Beziehungen, individuellen Dienstleistungen, Kreativität und den Mensch-Maschine-Schnittstelen zu tun haben, werden – ebenso wie in der Digitalbranche – viele neue Tätigkeiten entstehen. Dagegen sind Personen mit veralteter oder niedriger Qualifikation besonders gefährdet, ihren Arbeitsplatz zu verlieren [vgl. Radomsky 2019, S. 31].

2.3 Die Zukunft der Arbeit

Letztendlich sind es vier übergreifende Trends, welche die neue Arbeitswelt bestimmen werden [vgl. Radomsky 2019, S. 35]:

- Flexibilität und Agilität
- Virtualisierung und Globalisierung
- Digitale Plattform-Ökonomie
- Flache Hierarchien, Selbstführung und Selbstorganisation.

In Zukunft arbeiten immer mehr Menschen weitgehend selbstverantwortlich und vernetzt. Sie bearbeiten zeitlich begrenzte Projekte unterschiedlicher Auftraggeber in virtuellen Teams. Brainstorming und Abstimmungen finden per Skype oder Zoom im Internet statt. Sie arbeiten in ihrem Home-Office, in Coworking-Räumen oder als digitale Nomaden. Langlaufende Projekte, die nach dem Wasserfall-Prinzip konzipiert wurden, werden zunehmend von agilen Projekten mit kurzen Feedbackschleifen ersetzt.

Die **Plattform-Ökonomie** sorgt für eine Art *Zweiklassengesellschaft* mit unterschiedliche Erwerbsformen. Auf der einen Seite sind es gut bezahlte Profis mit Spezialwissen, die mit ihren Auftraggebern auf Plattformen für Entwicklung, Test und Marketing zusammenfinden. Programmierung, Data Mining, Künstliche Intelligenz und Design Thinking sind die Felder, auf denen ihr Know-how nachgefragt ist. Auf der anderen Seite sind es die „digitalen Proletarier", die als *Click-* oder auch *Crowdworker* für geringes Entgelt kleine Aufträge für wechselnde Auftraggeber erledigen. Der Unterschied zu den digitalen Experten liegt im Sinngehalt der Aufgaben, in der Bezahlung und vor allem im geringen Ausmaß der Selbstbestimmung. Hierarchisch organisierte Unternehmen sind in aller Regel damit überfordert, die rasante Geschwindigkeit und Komplexität in Wirtschaft und Gesellschaft angemessen zu unterstützen. In der Arbeitswelt von Morgen arbeiten Teams kundenorientiert, selbstorganisiert und agil. Sie nutzen Digitaltechnologien für effektive Kommunikation mit der Zentrale. Selbstführung der einzelnen Mitarbeiter und die Selbstorganisation ihrer Teams gewinnen an Bedeutung und Führungskräfte werden stärker zu Coaches und Unterstützern [vgl. Radomsky 2019, S. 32 ff.].

3. Digitalisierung und Unternehmensführung

> *„Die Digitalisierung ist die Königsdisziplin im Management des 21. Jahrhunderts."*
> *[Digitale Welt]*

Sind unsere Unternehmensführer mit der digitalen Transformation überfordert? Es scheint so, denn Plattform-Experten sind in deutschen Chefetagen weiterhin Exoten. Drei Viertel der Entscheider können mit der Plattform-Ökonomie wenig bis gar nichts anfangen. In jedem vierten Unternehmen in Deutschland kümmert sich niemand auf operativer Ebene um Plattformen. *„Digitale Plattformen haben das Potenzial, praktisch jede Branche umzukrempeln. Wer heute Verantwortung trägt, darf Plattform-Ökonomie nicht nur vom Hörensagen kennen, sondern muss fundierte Entscheidungen treffen. Ein Unternehmen, in dem niemand digitale Plattformen im Blick hat, hat an entscheidenden Stellen Blindflecke"*, sagt Bitkom-Präsident Achim Berg [Quelle: Bitkom-Pressemitteilung vom 08.01.2020].

Digitalisierung verspricht Unternehmen Effizienz, Weiterentwicklung und Wettbewerbsvorteile in angestammten und in neuen Märkten. Dazu muss in den Betrieben die gesamte Wertschöpfungskette überarbeitet werden. Das beginnt bei der Beobachtung des Marktes und der Ermittlung der Kundenbedürfnisse. Digitale Informationen müssen gesammelt, verarbeitet und in marktfähige Angebote übertragen werden. Hier sind die Führungskräfte gefragt, die diesen Prozess anstoßen, steuern und überwachen müssen. Mit anderen Worten: Digitale Transformation wird ohne die richtige Führung nicht funktionieren.

3.1 Digitalisierung ist Chefsache

Die digitale Transformation verändert aber nicht nur Produkte und Wertschöpfungsprozesse, sondern in zunehmendem Maße auch unsere Arbeitswelt. Arbeitsabläufe werden schneller und transparenter. In jedem Unternehmen sind die Auswirkungen dieser Veränderungen anders, teils abhängig von der Größe, teils abhängig von der Marktstellung. Doch welchen Einfluss nimmt die Digitalisierung auf die Führung im Unternehmen? Gibt es Veränderungen in der Art, wie Unternehmen geführt, wie Entscheidungen getroffen werden? Bereits heute wird auf der Führungsetage von Unternehmen, die in der digitalen Welt gegründet wurden, anders agiert als bei traditionellen Unternehmen. Manager mit digitalem Know-how nutzen digitale Technologien in der Entscheidungsfindung. Ihnen steht eine neue Qualität an Informationen zur Verfügung. Hier greift die Digitalisierung bereits auf kultureller Ebene in den Arbeitsalltag ein. Daher kann das alte Führungsmuster „Führung durch wenige Führungskräfte – Ausführung durch viele

https://doi.org/10.1515/9783110705959-004

Mitarbeiter" nicht mehr funktionieren. Mitarbeiter sollten früh in die Planungs- und Entscheidungsprozesse eingebunden werden und Handlungsspielraum bekommen. Die Orientierung an datenbasierten Entscheidungen führt aber auch zu einer Beschneidung der Entscheidungsfreiheit in der Unternehmensführung. Nicht mehr alleine die Meinung des „Chefs" ist maßgebend, sondern durch die breite Integration von Daten auch die Fachkompetenz der einzelnen Mitarbeiter. Am Ende gilt auch aus Sicht der sich wandelnden Führungsmechanismen in digitalisierten Unternehmen, dass Erfolg direkt mit der Fachkompetenz der eigenen Mitarbeiter zusammenhängt. Nur wer wettbewerbsfähige Mitarbeiter hat, ist auch als Unternehmen wettbewerbsfähig. Die Digitalisierung beeinflusst somit die Art und Weise zukünftiger Führung. Mit anderen Worten: **Die richtige Führung funktioniert in modernen Unternehmen nicht ohne digitale Transformation** [vgl. Lippold 2017, S. 4 f.].

Neben den Fähigkeiten Mitarbeiter zu binden und zu entwickeln sowie den Fähigkeiten, Talente zu entdecken und zu führen, kommt es für Führungskräfte darauf an, den digitalen Wandel im Unternehmen zu verstehen und die Mitarbeiter mit auf den chancenreichen Weg der digitalen Transformation zu nehmen.

Das Erfassen von Kundendaten bildet die Grundlage für ein personalisiertes Marketing. Die Kommunikation mit potenziellen Käufern muss sehr früh beginnen. Eine Webseite mit der Darstellung des Unternehmens ist heute nicht mehr ausreichend. Digitale Informationen müssen gesammelt, verarbeitet und in marktfähige Angebote übertragen werden. Hier ist eine Unternehmensführung gefragt, die diesen Prozess versteht und ihn anstoßen, steuern und überwachen muss. Mit anderen Worten: **Digitale Transformation wird ohne die richtige Unternehmensführung nicht funktionieren.** Manager mit digitalem Know-how sind heiß begehrt und stehen ganz oben auf den Gehaltslisten. Das hat mit dem Bedarf, aber auch mit den besonderen digitalen Führungskompetenzen zu tun. Ganz offensichtlich hat man erkannt, dass der künftige Unternehmenserfolg besonders abhängig ist von der Einstellung der Unternehmensführung, weil diese einen großen Einfluss auf den Digitalisierungsgrad hat.

Damit ist das agile Führen angesprochen. Es meint, dass Führungskräfte die Mitarbeiter zu kreativer und selbstorganisierter Arbeit befähigen müssen, damit sich Unternehmen schneller und flexibler an Veränderungen anpassen können. Mitarbeiter sollten früh in die Planungs- und Entscheidungsprozesse eingebunden werden und Handlungsspielraum bekommen. Dafür müssen Mitarbeiter Verantwortung übernehmen und selbst entscheiden. Das erfordert Bürokratieabbau und flache Hierarchien. Digitalisierung und Globalisierung brauchen kreativere Teams, die schnell handeln. Denn Innovation darf kein langwieriger Prozess mehr sein, der nur von einer Person gemanagt wird. Führung muss das Team in den Mittelpunkt stellen, ohne dabei den einzelnen Mitarbeiter aus dem Fokus zu verlieren.

Fazit: Letztlich liegt hier ein Ursache-Wirkungsverhältnis vor, das in beide Richtungen zielt: Die digitale Transformation beeinflusst die Unternehmensführung und umgekehrt.

Neben den Fähigkeiten Mitarbeiter zu binden und zu entwickeln sowie den Fähigkeiten Talente zu entdecken und zu führen, kommt es für Führungskräfte darauf an, den digitalen Wandel im Unternehmen anzustoßen, zu steuern und die Mitarbeiter mit auf den chancenreichen Weg der digitalen Transformation zu nehmen.

Doch wie tief müssen diese digitalen Kenntnisse sein? Aber ist das eigentlich die entscheidende Frage? Ist angesichts des zunehmend digitalen Umfelds nicht vielmehr die Antwort auf die Frage wichtig, welche **Voraussetzungen** eine Führungskraft heute mitbringen sollte?

Beide Fragen stehen für zwei unterschiedliche Auffassungen darüber, was ein erfolgreicher Führungstyp mitbringen sollte. Beide Auffassungen sollen hier – der Einfachheit halber und holzschnittartig – als „deutsche Führungsauffassung" und als „US-amerikanische Führungsauffassung" bezeichnet werden [vgl. dazu im Folgenden Lippold 2019a].

Das **deutsche Führungsmodell** geht von der grundsätzlichen Überlegung aus, dass Führungskräfte, die strategische Entscheidungen im digitalen Umfeld treffen müssen, auch über ein sehr tiefgreifendes Wissen in der Digitalisierung verfügen sollten. Wenn man im digitalen Zeitalter – so die These – seinen Mitarbeitern Orientierung geben und in Konfliktsituationen erfolgreich eingreifen will, dann muss man entsprechende Kompetenzen in der Informatik mitbringen oder sich erarbeiten. Ansonsten kann die digitale Transformation mit seinen Herausforderungen überhaupt nicht angemessen verstanden werden und damit können auch keine zukunftsfähigen Entscheidungen getroffen werden. Soweit die „deutsche" Auffassung, bei der also die Frage nach den **Voraussetzungen** überwiegt. Allerdings habe ich meine Zweifel, ob angesichts der Halbwertszeit digitaler Technik und digitalen Wissens Führungskräfte überhaupt in der Lage sein können, den immer kürzeren Technik- und Wissenszyklen zu folgen.

Im **amerikanischen Führungsmodell** sind es dagegen mehr die **Eigenschaften** wie Befähigung, Leistung, Status oder Charisma, die entscheidend für die Führungszuschreibung sind. Hier ist es relativ unwichtig, in welcher Branche oder in welchem Funktionsbereich die Führungslaufbahn gestartet wurde. Entscheidend ist einzig und allein die zugeschriebene Führungsstärke. Ein Beispiel dafür ist die amerikanische Managerin Meg Whitman, die an vorderster Stelle in so unterschiedlichen Unternehmen wie Procter & Gamble, Disney oder Hewlett Packard ihre Führungs- und Durchsetzungsstärke bewiesen hat. Dieses Führungsmodell ist sicherlich auch ein wenig vergleichbar mit der Besetzung von Ministerposten in den verschiedenen deutschen Ministerien. Generell mag der amerikanische Ansatz in Einzelfällen funktionieren, aber ein grundlegendes Erfolgsmuster für Leadership ist er nicht.

Wahrscheinlich ist also weder das eine, noch das andere Führungsmodell zukunftswei-
send – zumindest nicht in Reinkultur. Gefragt ist vielmehr die **hybride Führungskraft**,
die sowohl im digitalen wie auch im analogen Arbeitskontext Präsenz zeigt. Was heißt
das? Mitarbeiter müssen ihre Führungskraft sowohl in der analogen als auch in der virtuellen Welt als menschliches Wesen wahrnehmen, mit dem sie bestimmte Werte teilen
können. Letztlich sind es immer Persönlichkeiten, die Präsenz zeigen und eine Identität
sichtbar machen. Präsenz muss dabei in dreierlei Hinsicht gezeigt werden: Als **soziale
Präsenz** (also Fühlen bzw. Mitfühlen), als **kognitive Präsenz** (Verstehen können) und
als **Führungspräsenz**, welche die soziale und die kognitive Präsenz zusammenbindet
und damit den Geführten Orientierung sowohl im Analogen als auch im Virtuellen gibt
(siehe hierzu ausführlich Abschnitt 5.3) .

Das Rezept bzw. die Gebrauchsanweisung einer hybriden Führungskraft ließe sich auch
kurz als *„digital (mit)denken – analog lenken"* bezeichnen.

3.2 Datenexplosion – Big Data

Wer im Internet unterwegs ist, hinterlässt jede Menge Datenspuren, die mit den richtigen
Auswertungsmethoden ziemlich genaue Rückschlüsse über das Konsum- und Freizeit-
verhalten, über Hobbies, Vorlieben und Gewohnheiten zulassen. Doch nicht nur das, die
Datenspuren liefern auch schlüssige Prognosen darüber, wofür wir uns morgen interes-
sieren und welche Güter wir kaufen werden. Das Internet ist aber nur eine von vielen
Datenquellen. Telekommunikation ist eine weitere Quelle; andere Daten stammen von
Marktforschern oder fallen quasi nebenher beim Betrieb von Maschinen oder technischen Gebrauchsgütern an. Big Data heißen solche Datensammlungen, die ständig
wachsen (siehe Abbildung 3-1).

> Der Begriff **Big Data** beschreibt die Fähigkeit, große Datenmengen (**Volume**) aus
> unterschiedlichen Quellen und mit unterschiedlicher Struktur (**Variety**) in hoher Ge-
> schwindigkeit (**Velocity**) zu sammeln, zu verarbeiten, zu speichern und mit guter
> Qualität (**Veracity**) und der Zielsetzung eines wirtschaftlichen Nutzens (**Value**) aus-
> zuwerten.

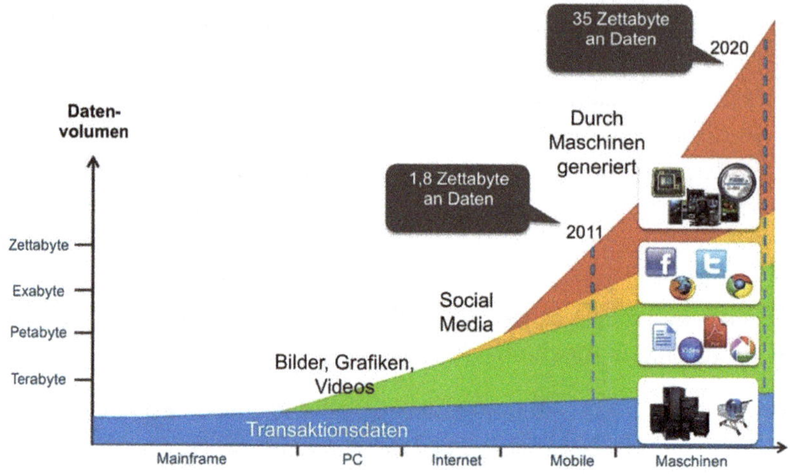

[Quelle: www.storage-insider.de]

Fernsehen, Computer, PC und Internet – schon die zweite Hälfte des vergangenen Jahrhunderts galt als Informationszeitalter. Trotzdem war die erzeugte Informationsmenge damals gering im Vergleich mit der Datenexplosion, die in der letzten Dekade stattgefunden hat. Technologien wie RFID, Ambient Intelligence, Smartphones und die immer stärkere Akzeptanz und Nutzung von Social-Media-Anwendungen wie Blogs und Foren oder Facebook und Twitter lassen das Datenaufkommen explodieren. Von 2000 bis 2002 sind mehr Daten generiert worden, als in den 40.000 Jahren davor. Von 2003 bis 2005 hat sich diese Datenmenge wiederum vervierfacht. Und 2012 wird sich das weltweite Volumen digitaler Daten auf 2.5 Zettabytes gegenüber 2006 verzehnfachen. Es ist davon auszugehen, dass das weltweite Datenvolumen in den nächsten Jahren schneller wachsen wird als die Kapazitäten zur Datenverarbeitung, die sich seit einigen Jahrzehnten entsprechend dem Mooreschen Gesetz etwa alle 18 Monate verdoppeln. Im Jahr 2020 wird das weltweite Datenvolumen dann über 100 Zettabytes erreichen: 100.000.000.000.000.000.000.000 Bytes sind eine wahrhaft unvorstellbare Menge [Quelle: BITKOM 2012, S. 12]

Abb. 3-1:   Wachstum der Datenmengen über die Zeit

Unternehmen sehen sich mit diesem rapiden Anstieg des Datenvolumens konfrontiert. Ursachen dafür sind ein ganzes Bündel von Technologien – Sensorik, RFID, Ambient Intelligence, Smartphones – und die immer stärkere Nutzung von Social-Media-Anwendungen.

In Abbildung 3-2 ist dargestellt, auf welche Datenquellen, die ja letztlich für die Datenmenge und -vielfalt verantwortlich sind, Unternehmen heutzutage zugreifen können. Mit den **fünf Vs** sind zugleich auch die fünf charakteristischen Merkmale von Big Data genannt. Big Data umfasst somit alle Konzepte, Methoden, Technologien, IT-Architekturen sowie Tools, mit denen sich die Informationsflut in Bahnen lenken lässt (siehe Abbildung 3-3).

Unternehmensdaten
Unternehmen verfügen über viele interne Daten, z.B. aus ERP, CRM, Tracking- & Kassensystemen

Social Media
Social Media generiert Unmengen an hauptsächlich unstrukturierten Daten

Smartphones
Sensoren und Apps erzeugen unzählige strukturierte und unstrukturierte Daten

Quantified Self
Selbstbeobachtung mit dem Ziel, das Leben möglichst vollständig in Daten zu erfassen

Open Data
Daten der öffentlichen Verwaltung und von Firmen sollen frei und kostenlos zugänglich sein.

Sensoren/ Internet der Dinge
Das Internet umfasst zunehmen auch Dinge und deren Daten

Der Zuwachs der Datenmengen und -vielfalt ist mit dem Wachstum der Datenquellen in Verbindung zu bringen. Der Überblick über einige Datenquellen veranschaulicht die Vielfältigkeit und ermöglicht eine bessere Nachvollziehbarkeit der Chancen und Herausforderungen, die auf die Unternehmen zukommen. Dabei ist es allerdings keineswegs immer möglich, frei auf diese Daten zu zugreifen und diese für eigene Zwecke zu nutzen. Neben der faktischen Zugangsbeschränkung durch die „Eigentümer" oder Verwalter der Daten wie z. B. Social-Media-Portalbetreiber, Telekommunikationsanbieter oder Produzenten gilt es vor allem auch die *rechtlichen Vorgaben* zu beachten. Dennoch ist selbst die Zahl der Datenquellen beachtlich, auf die Unternehmen legalen Zugriff haben. Sollten wichtige Daten fehlen, ist im Einzelfall zu prüfen, wie eine Quelle erschlossen werden kann.

[Quelle: ROSSA/HOLLAND 2015, S. 256 ff.]

Abb. 3-2:   Datenquellen, die zum rasanten Datenwachstum führen

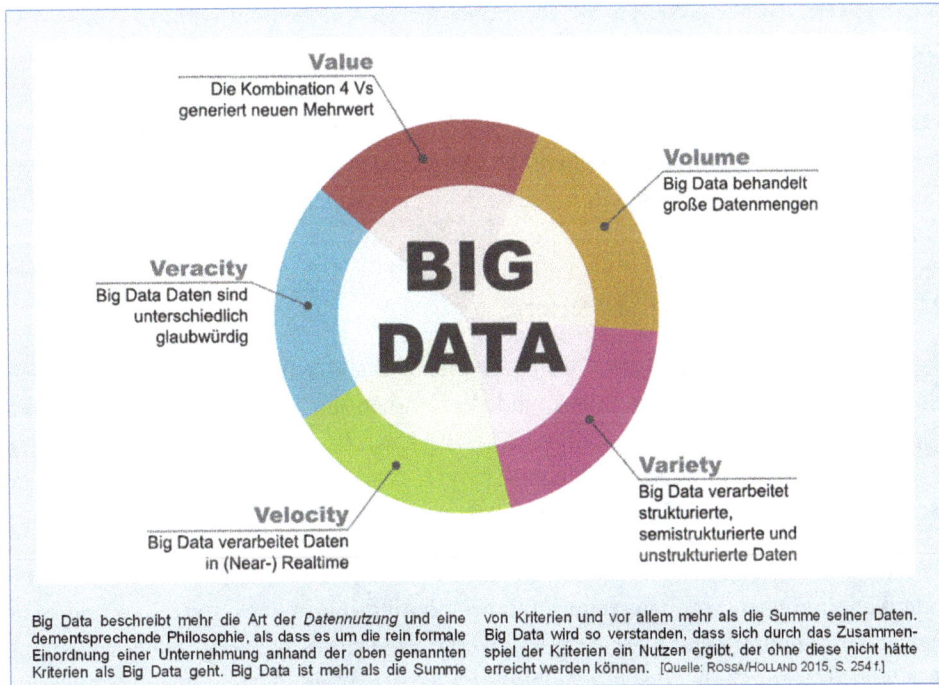

Big Data beschreibt mehr die Art der *Datennutzung* und eine dementsprechende Philosophie, als dass es um die rein formale Einordnung einer Unternehmung anhand der oben genannten Kriterien als Big Data geht. Big Data ist mehr als die Summe von Kriterien und vor allem mehr als die Summe seiner Daten. Big Data wird so verstanden, dass sich durch das Zusammenspiel der Kriterien ein Nutzen ergibt, der ohne diese nicht hätte erreicht werden können. [Quelle: ROSSA/HOLLAND 2015, S. 254 f.]

Abb. 3-3:   Die fünf Vs von Big Data

Entstanden sind Big Data-Analysen im Zuge des Fortschritts in der Informationstechnik mit nahezu unbegrenztem Speicherplatz und einer immer höheren Rechengeschwindigkeit. Big Data-Technologien werden in sehr vielen Bereichen eingesetzt, u.a. im Hochwasserschutz, in der Verkehrsplanung und -überwachung, in der Forensik, in der medizinischen Forschung und Diagnostik sowie in Wirtschaftszweigen, mit deren Produkten und Services private Verbraucher besonders oft konfrontiert werden. Insgesamt wird die Datenwirtschaft die Geschäftsmodelle vieler Branchen unserer Industrie- und Dienstleistungslandschaft verändern. Die vielen Einsatzmöglichkeiten dürfen allerdings nicht darüber hinwegtäuschen, dass Big Data nicht frei von Risiken ist, wenn es um personenbezogene Daten geht oder wenn Kausalzusammenhänge falsch interpretiert werden.

Der wirtschaftliche Nutzen und das Potenzial von Big Data lassen sich in einigen Anwendungsfeldern besonders eindrucksvoll belegen. Hierzu gehören insbesondere folgende betrieblichen Funktionsbereiche [vgl. Bitkom 2012, S. 34]:

Marketing und Vertrieb. Produkt- und Service-Angebote können zunehmend auf Kundensegmente oder einzelne Kunden zugeschnitten und damit Streuverluste im Marketing vermindert werden. Ausgewertet werden dazu alle bekannten Kundeninformationen (z. B. zu Demographie, Standort, Transaktionen und Interessen). Auf dieser Grundlage können Muster bei Kaufentscheidungen abgeleitet werden. Einen weiteren Nutzen bietet das Cross-Selling auf Basis detaillierter Kundeninformationen. Gleichzeitig können aber auch Kunden identifiziert werden, die unzufrieden sind und gegebenenfalls abwandern könnten. Eine rechtzeitige Reaktion kann dieser Situation entgegenwirken. Auch die Produktentwicklung kann Big Data verwenden, um Kundenbewertungen zu erfassen und auszuwerten. So kann herausgefunden werden, wo die Produktschwächen liegen und welche Trends oder Marktlücken noch unentdeckt sind. Mit Hilfe dieser Informationen können neue Produkte entwickelt bzw. verbessert werden. Dies wirkt sich direkt auf die Umsatzzahlen aus und gibt zudem Aufschluss über die allgemeine Markenwahrnehmung des Unternehmens.

Forschung und Entwicklung. Meteorologie, Klimaforschung, Lagerstätten-Erkundung von Rohstoffen, Atomphysik und die Vorhersage von Epidemien profitieren gleichermaßen von Fortschritten im Bereich Big Data. In der Entwicklung der nächsten Produktgeneration helfen Social-Media-Analysen und die Auswertung von Sensordaten der zurzeit im Einsatz befindlichen Produkte.

Produktion, Service und Support. Mit dem Internet der Dinge oder der M2M-Kommunikation können produzierende Unternehmen ihre Fertigungs-, Service- und Supportprozesse optimieren. In der Produktion trägt Big Data dazu bei, Verzögerungen und Ausfälle zu verhindern. Dies geschieht durch das Sammeln und Zusammenführen von Informationen zu den einzelnen Produktionsprozessen. Sensoren an allen entscheidenden Maschinen übermitteln Daten an große Datenbanken und melden Probleme und

Störungen in Echtzeit. So kann bei Notfällen direkt in den Produktionsprozess einge-griffen werden und wertvolle Zeit und Ressourcen eingespart werden.

Distribution und Logistik. Die Analyse von Lieferketten ist sehr komplex, da hier un-terschiedliche Daten zu Produktionsstandorten, Lagerung und Transportwegen zusam-mengeführt werden müssen. Letztlich geht es hier um nachhaltige Kostensenkung auf dem Wege einer stärkeren Vernetzung von Fahrzeugen mit der Außenwelt. Immer mehr Fahrzeuge werden mit Sensoren und Steuerungsmodulen ausgestattet, die Fahrzeugda-ten wie den Energieverbrauch, den Zustand von Verschleißteilen oder Positionsdaten erfassen und in Datenbanken übertragen. Mit diesen Daten können Disponenten zeitnah Transporte planen, gegebenenfalls Routen und Beladung ändern, Wartungskosten und Stillstandszeiten minimieren. Mit dem Erhalt von Positionsdaten eines Fahrzeuges kann das Unternehmen beispielsweise Alternativrouten senden und somit verkürzte Fahrzei-ten erreichen.

Finanz- und Risiko-Controlling. Dieser Bereich profitiert u.a. von neuen Möglichkei-ten bei der Betrugserkennung und im Risikomanagement. Bei der Betrugserkennung steht in erster Linie eine möglichst vollständige Sammlung und Beobachtung relevanter Handlungen im Vordergrund. Das Risikomanagement wird durch hochkomplexe Be-rechnungen unterstützt.

Wissen oder gar Erfahrungen über die Einsatzmöglichkeiten von Big Data und die damit verbundenen Technologien sind derzeit noch ungenügend vorhanden. Hier muss durch Aus- und Weiterbildung der Spezialisten in der Software-Entwicklung, im IT-Betrieb, in den Fachabteilungen sowie im Management zügig Abhilfe geschaffen werden. Big-Data-Projekte sind einerseits normale IT-Projekte, für die etablierte Methoden und Ver-fahren des Projektmanagements zur Verfügung stehen. Andererseits basiert Big Data nicht auf einer singulären Technologie, sondern ist vielmehr das Resultat des Zusam-menwirkens einer ganzen Reihe von Innovationen in verschiedenen Gebieten. Insge-samt erlauben diese Fortschritte, aus immer mehr Daten einen immer höheren betriebs-wirtschaftlichen Nutzen zu ziehen. Je nach Anwendungsszenario können hierbei unter-schiedliche Technologiekonzepte zum Einsatz kommen (zu den verschiedenen Techno-logiekonzepten siehe Bitkom 2014, S. 21 ff.).

3.3 Ausbreitung der Kommunikationskanäle und Endgeräte

Die Verschmelzung von Telekommunikationsterminal und Computer zum Smartphone oder Tablet, den derzeit am weitesten verbreiteten Mobilgeräten, hat zu völlig neuen Nutzungsmöglichkeiten geführt. Aufgrund seiner Multifunktionalität hat dabei das Smartphone in zweifacher Hinsicht eine besondere Rolle als Markttreiber übernommen. Auf der einen Seite vertreibt das Smartphone im Sinn der Substitution Produkte wie digitale Kompaktkameras, mobile Navigationsgeräte und MP3-Player vom Markt (siehe Abbildung 3-4).

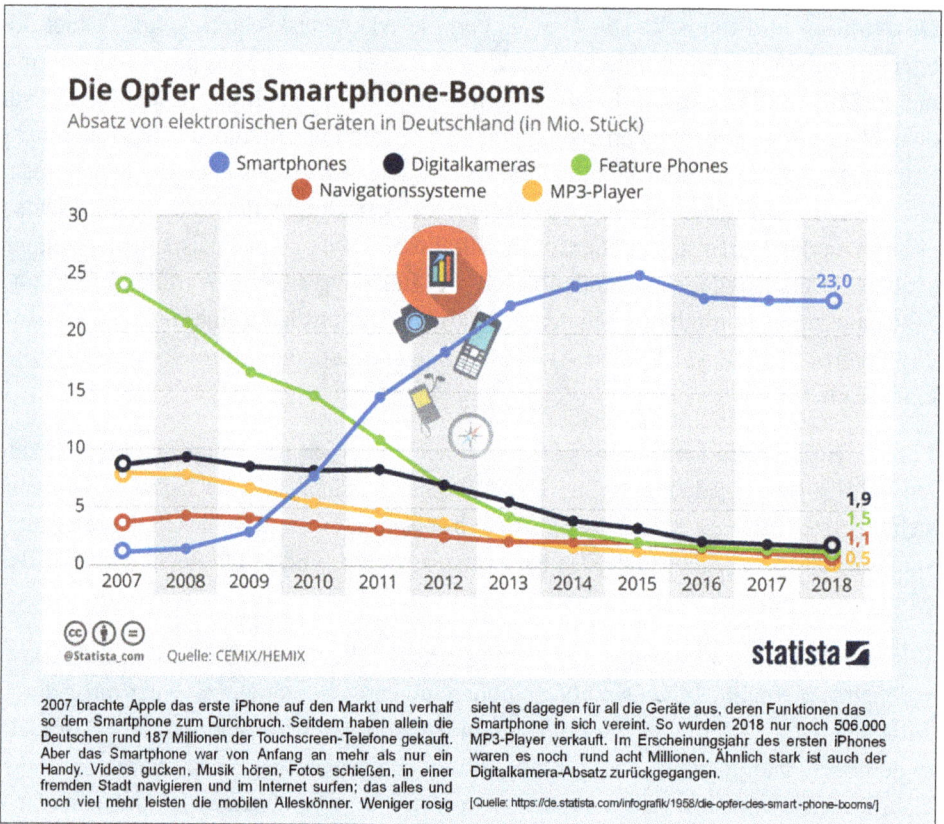

Die Opfer des Smartphone-Booms

Absatz von elektronischen Geräten in Deutschland (in Mio. Stück)

● Smartphones   ● Digitalkameras   ● Feature Phones
● Navigationssysteme   ● MP3-Player

23,0

1,9
1,5
1,1
0,5

2007 2008 2009 2010 2011 2012 2013 2014 2015 2016 2017 2018

@Statista_com   Quelle: CEMIX/HEMIX   statista

2007 brachte Apple das erste iPhone auf den Markt und verhalf so dem Smartphone zum Durchbruch. Seitdem haben allein die Deutschen rund 187 Millionen der Touchscreen-Telefone gekauft. Aber das Smartphone war von Anfang an mehr als nur ein Handy. Videos gucken, Musik hören, Fotos schießen, in einer fremden Stadt navigieren und im Internet surfen; das alles und noch viel mehr leisten die mobilen Alleskönner. Weniger rosig sieht es dagegen für all die Geräte aus, deren Funktionen das Smartphone in sich vereint. So wurden 2018 nur noch 506.000 MP3-Player verkauft. Im Erscheinungsjahr des ersten iPhones waren es noch rund acht Millionen. Ähnlich stark ist auch der Digitalkamera-Absatz zurückgegangen.

[Quelle: https://de.statista.com/infografik/1958/die-opfer-des-smart-phone-booms/]

Abb. 3-4: „Die Opfer des Smartphone-Booms"

Zum anderen treibt es den Markt an, da durch die Vernetzung zu anderen Geräten neue Anwendungs- und damit Wachstumsfelder entstehen. In den Smartphones sind eine Vielzahl von Sensoren und Kommunikationsschnittstellen eingebaut. Neben den für die Mobiltelefonie notwendigen Komponenten wie Mikrofon, Lautsprecher und dem Touchscreen als Bedienelement ist für diese Geräte auch die Schnittstelle zum Mobilfunknetzwerk typisch. Für Verbraucher ist diese Schnittstelle vor allem deshalb wichtig, weil das Smartphone immer mehr verfügbare Daten bündelt und alle Informationen auf einem Bildschirm zusammenfassen kann – ob es die Paketverfolgung nach der Onlinebestellung ist, die intelligente Türsprechanlage, die auf dem Smartphone anzeigt, wer klingelt oder die Datenaufbereitung vom Fitness-Tracker.

Das Smartphone steht also nicht für sich allein, sondern entfaltet seine volle Wirkung erst mit dem vernetzten Gerät, mit dem es kommuniziert. Unter dem Aspekt der Nutzungsdauer hat das Smartphone andere Endgeräte wie Laptop, PC und Tablet-PC längst überholt (siehe Abbildung 3-5).

Jeder Zweite nutzt eigentlich immer das Smartphone, um digitale Aktivitäten auszuführen.

Gerätenutzung für digitale Aktivitäten

	eigentlich immer	regelmäßig	ab und an	fast nie	nutze ich nicht
Smartphone (74% der 14-24-Jährigen)	47	30	10	3	10
Laptop/Notebook zu Hause	28	36	14	4	18
Fernseher/Smart-TV	19	34	14	8	25
Desktopcomputer (stationärer PC) zu Hause	23	24	11	7	34
Tablet	11	27	16	9	37
Desktopcomputer (stationärer PC) im Büro/Uni/Schule	13	18	11	8	50
Laptop/Notebook im Büro/Uni/Schule	6	15	10	11	58
E-Reader	4	13	12	10	62
Laptop/Notebook unterwegs	4	10	17	22	47
Wearables (VR-Brillen, Smartwatches, Fitnesstracker)	6	8	7	9	70

Basis Onliner: n = 1.000; 14-24 J.=162, Angaben in Prozent, absteigend nach Nutzung sortiert: Top2 (1) eigentlich immer + (2) regelmäßig
F007: Wie häufig nutzen Sie die folgenden Geräte, um diese Aktivitäten auszuführen?

[Quelle: BVDW 2018]

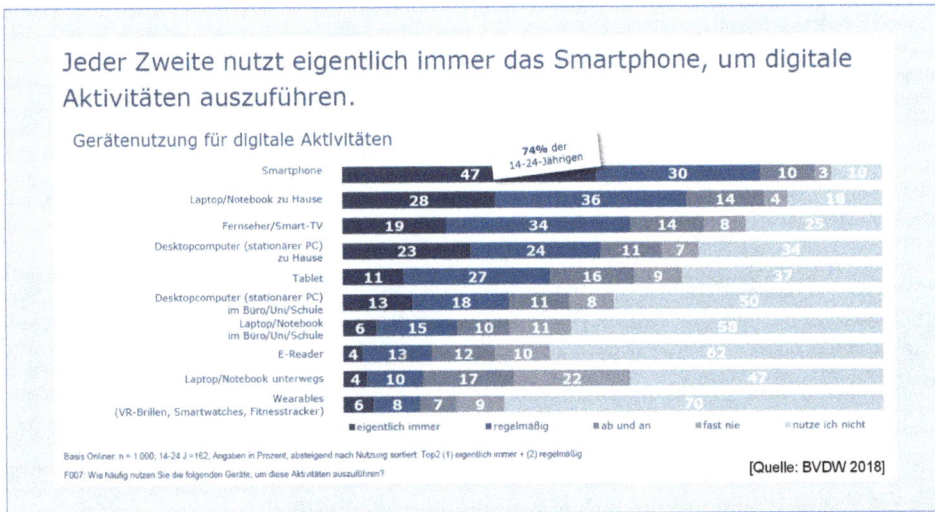

Abb. 3-5:   Gerätenutzung für digitale Aktivitäten

Selbst für komplexe Technologien wie **Virtual Reality (VR)** hat das Smartphone den Einstieg in den Massenmarkt bereitet. In der virtuellen Realität lassen sich Inhalte auf gänzlich neue Art erleben. VR versetzt den Nutzer in eine simulierte, dreidimensionale Umgebung mit dafür entwickelten Brillen. Virtual Reality bietet ein großes Potential, in das Leben der Menschen Einzug zu halten und so Unterhaltung, Arbeit und Bildung zu verändern [vgl. Bitkom 2016, S. 5 ff.].

Wie jeder Computer sind auch Smartphones mit einem Betriebssystem ausgestattet, das für Anwendungsprogrammierer von der Hardware abstrahierte Funktionen bereitstellt. Die in Bezug auf Marktanteile bedeutendsten Betriebssysteme sind in Deutschland derzeit Android (ca. 70 %) und iOS (ca. 20 %), wobei andere Betriebssysteme praktisch unbedeutend sind. Die Anbieter dieser Plattformen haben großes Interesse an der Pflege einer Entwickler-Community, denn die Verfügbarkeit von – vermeintlich – nutzenstiftenden Minianwendungen, den sogenannten Apps, fördert die Beliebtheit des Betriebssystems und somit dessen Verbreitung [vgl. Cseh/Marx 2016, S. 357].

Da Deutschland das Rennen um die **Produktion** von digitalen Technologien in Endgeräten verloren hat, müssen sich unsere Unternehmen auf die Entwicklung von kreativen Anwendungen und innovativen Geschäftsmodellen und -prozessen für unsere Wirtschaft konzentrieren. Auch dazu bedarf es Geschäftsführungen, welche die digitalen Technologien und deren Möglichkeiten verstehen und die entsprechenden Umsetzungsprozesse anstoßen können [vgl. Kollmann/Schmidt 2016, S. 12].

3.4 Digitale Mediennutzung und Trends – der „Mobile Consumer"

Auch wenn Unternehmenslenker selbst nicht alle Möglichkeiten des vielfältigen digitalen Angebots nutzen, so ist es doch wichtig, das Angebot, die verschiedenen Nutzungsarten und die offensichtlichen Trends in diesem Milliardenmarkt zu kennen und einzuordnen [siehe dazu im Folgenden die zusammengefassten Ergebnisse einer repräsentativen Online-Befragung des Bundesverbandes Digitale Wirtschaft (BVDW 2018)]:

Online-Nutzer nehmen von den **digitalen Angeboten** vor allem die E-Mail-Funktion, Suchmaschinen und das Online-Shopping wahr. Reserviert zeigen sich die Deutschen bei der Nutzung von Mobile Payment, Online-Dating Angeboten und Wearables, also Computertechnologien, die man am Körper oder am Kopf trägt. Als digital werden vor allem die „klassischen" Online-Aktivitäten wahrgenommen (E-Mail, Banking, Shopping, Suchmaschinen, Nutzung von Apps), während E-Books, Online-Dating und Newsscreens weniger als digitale Angebote angesehen werden.

Streaming-Dienste sind insgesamt sehr bekannt und erfreuen sich großer Beliebtheit unter den Onlinern. TV und Video-Streaming-Dienste weisen den höchsten Nutzeranteil auf. Musik- und Videostreaming-Dienste werden am intensivsten in Anspruch genommen (rund 20 Mal im Monat). Beliebte Inhalte beim Streamen von Bewegtbild sind vor allem Filme und Serien. Musik-Streaming wird mehrheitlich genutzt, um ausgewählte Musik und Radio zu hören. Beim Live-Streaming werden insbesondere Sportübertragungen favorisiert.

Wearables wie beispielsweise digitale Armbanduhren (Smartwatches), digitale Fitnesstracker oder Virtual-Reality-Brillen sind in Deutschland zwar bekannt, allerdings werden diese bislang nur von wenigen Onlinern genutzt. Auch in Zukunft wird der Nutzungsanteil von Wearables nicht beachtlich steigen. Der Einsatz von VR-Brillen in der Zukunft wird eher speziell und weniger alltagstauglich gesehen. Es sind die besonderen Orte, die schwer zu erreichen sind, Erlebnisparks oder Online-Games sowie Filme und Serien, die dadurch nahbarer und intensiver erlebt werden können.

Fast alle Online-Nutzer in Deutschland kennen die einzelnen **Smart Home-Anwendungen**, dazu gehören auch die Sprachassistenten. Allerdings werden die Anwendungen bisher kaum genutzt. Knapp ein Viertel der Onliner sehen eine mögliche Nutzung in der Zukunft. Unter den Onlinern kennen drei Viertel die verschiedenen Connected Car Funktionen. Dennoch liegt die Nutzung der einzelnen Funktionen aktuell noch auf einem sehr geringen Niveau. Der Zukunftstrend verspricht jedoch eine steigende Nutzung.

Abbildung 3-6 fasst die wichtigsten Zukunftstreiber aus Sicht der Studienteilnehmer, die vom BVDW im Januar 2018 befragt wurden, grafisch zusammen.

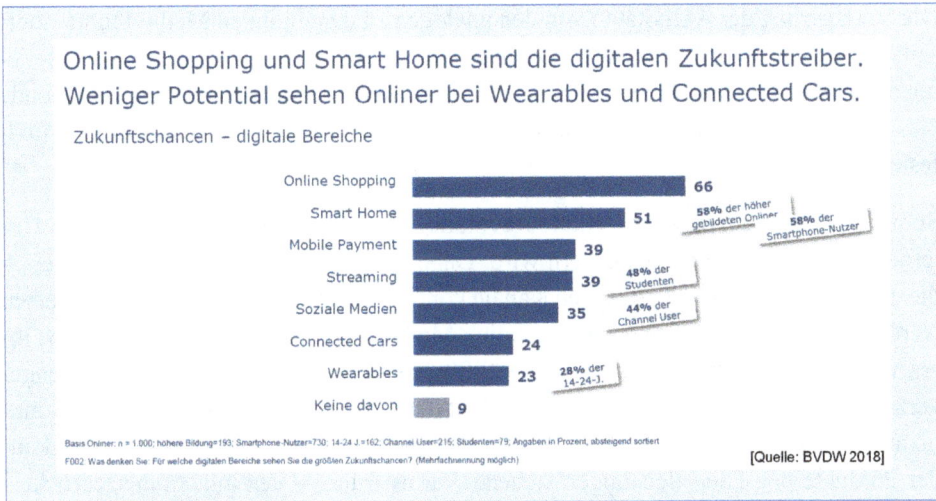

Online Shopping und Smart Home sind die digitalen Zukunftstreiber.
Weniger Potential sehen Onliner bei Wearables und Connected Cars.

Zukunftschancen – digitale Bereiche

Bereich	Wert	
Online Shopping	66	
Smart Home	51	58% der höher gebildeten Onliner / 58% der Smartphone-Nutzer
Mobile Payment	39	
Streaming	39	48% der Studenten
Soziale Medien	35	44% der Channel User
Connected Cars	24	
Wearables	23	28% der 14-24-J.
Keine davon	9	

Basis Onliner: n = 1.000; höhere Bildung=193; Smartphone-Nutzer=730; 14-24 J.=162; Channel User=215; Studenten=79; Angaben in Prozent, absteigend sortiert
F002: Was denken Sie: Für welche digitalen Bereiche sehen Sie die größten Zukunftschancen? (Mehrfachnennung möglich)   [Quelle: BVDW 2018]

Abb. 3-6:   Online Shopping und Smart Home als Zukunftstreiber

Die wohl größte Herausforderung besteht darin, aus den unendlich vielen Online-Prozessen, der E-Mail- und Telefon-Kommunikation sowie aus den sozialen Medien jene Informationen zu gewinnen, die für die Entscheidungsfindung und -unterstützung der richtigen Produkt- und Markenstrategie wichtig sind. Das Internet ist aber nicht nur interaktiver, sondern auch mobiler geworden. Eine Vielzahl von technischen Erfindungen, medialen und sozialen Plattformen sowie mobilen Dienstleistungen prägen unser aller Lebensstil und sind vor allem bei jungen Zielgruppen ("Digital Natives") kaum noch wegzudenken. So werden die Präferenzen von Käufern in Echtzeit auswertbar und mit einer speziellen Location, in der sich die Person gerade aufhält, kombiniert. Damit können dynamische Impulse hinsichtlich Einkaufsstätte, Preis oder Produktverfügbarkeit mobil übermittelt werden, um so den entscheidenden Kaufimpuls – genau im passenden Moment und am richtigen Ort – zu geben.

Mit dem Internet als Übertragungskanal und mit der Digitalisierung der Medien können die Kunden ihre Bedürfnisse nach Unterhaltung, Information, Kommunikation, Konsum und Sozialisierung einfach und schnell befriedigen. Noch nie gab es so viele und extrem leicht zugängliche Möglichkeiten, sich zu informieren, sich unterhalten zu lassen und gleichzeitig zu kommunizieren. Mit der technologischen Entwicklung und der Möglichkeit, auf beliebigen Endgeräten neuartige Kommunikationskonzepte (z. B. lokalisierte und personalisierte Markenbotschaften) und sogar Geschäftsmodelle zu begehen, ist die strategische Markenführung noch vielfältiger und größer geworden. Aber nicht nur der Markt für Informations- und Werbegüter ist für den Einzelnen komplett unübersichtlich geworden, auch für die Botschaft der Marke als digitalisiertes Positionierungselement ist es noch schwerer und komplexer geworden, zum Konsumenten durchzudringen.

Die Verlagerung der Aktivitäten von den analogen zu den digitalen Medien führt einerseits zu ungeahnten Anwendungsmöglichkeiten und andererseits zu grenzenloser Beliebigkeit und kompletter Unübersichtlichkeit. Etablierte Marken und sogar bestehende Geschäftsmodelle können durch die sich abzeichnenden Veränderungen in ihren Grundfesten erschüttert werden.

Somit wird deutlich, dass die digitale Revolution alle Verantwortungsträger in den Unternehmen umfassend herausfordern wird. Dabei stellt sich nicht so sehr die Frage, ob die digitalen Medien die klassischen Kanäle kontinuierlich verdrängen oder gar ersetzen werden. Wichtig ist vielmehr, für die Online-Medien den Beleg ihrer Wirkung bzw. ihres Wirkungsanteils zu erbringen, denn künftig werden beide Medienwelten noch enger verzahnt. Im Fokus wird also die Messbarkeit der Online-Kampagnen auf die Kommunikationswirkung und damit die unternehmerische Frage nach dem direkten Abverkauf der Produkte und Dienstleistungen stehen. War es früher – vereinfacht ausgedrückt – lediglich der 1.000-Leser-Preis (zur Ermittlung der Streukosten unterschiedlicher Medien), so sind es heute im Zeitalter digitalisierter Marken rund 50 mehr oder weniger aussagekräftige KPI's *(Key Performance Indicators)* wie Ad-Clicks, Cost-per-Click, Cost-per-Order, Cost-per-Conversion, Teilnahme- oder Einlösequoten, Seitenaufrufe (Page Impressions), Click-Through-Rates oder Transaktionsquoten – um nur einige zu nennen – mit denen sich die Entscheider befassen und in einen übergeordneten, unternehmerischen Zusammenhang stellen müssen.

Da die digitale Transformation auch die werbliche Kommunikation revolutioniert, ist es für die Unternehmensführung von besonderer Bedeutung, die Unterschiede zwischen der klassischen und der digitalen werblichen Kommunikation zu kennen, um entsprechende Entscheidungen treffen zu können (siehe dazu Kapitel 6).

4. Digitalisierung und Generationenwechsel

> *„Was es bedarf, ist eine kompetenzbasierte, ge-*
> *nerations- und kultursensible Führung fernab*
> *der bloßen Statussymbolik, die alle fünf Gene-*
> *rationen begeistert und verbindet, damit alle an*
> *der gemeinsamen Arbeitsumgebung arbeiten*
> *und fortlaufend hybride (analoge wie digitale)*
> *Kompetenzen entwickeln."*
> *[Martin A. Ciesielski/Thomas Schutz]*

Ohne Frage stellt die digitale Transformation für alle Organisationen, die sie zu bewältigen haben, auch eine große **personelle Herausforderung** dar. In vielen Büros treffen häufig mehr als zwei Generationen aufeinander, die sich zwar grundsätzlich positiv gegenüberstehen, sich jedoch in ihren Wertvorstellungen und Arbeitsverhalten deutlich voneinander unterscheiden. Eine junge, medienaffine Generation, die soziale Vernetzung praktiziert und vehement Wissenstransparenz fordert, prallt auf ältere Generationen, die im Modus der Wettbewerbsorientierung ausgebildet und unter starkem Wettbewerbsdruck sozialisiert wurden [vgl. Gebhardt et al. 2015; Werle 2015].

Um welche Generationen handelt es sich dabei? Was unterscheidet sie voneinander? Gibt es Wertekonflikte zwischen den Generationen?

4.1 Generationen mit unterschiedlichem Arbeitsverhalten

Zur besseren Illustration und thematischen Einführung sind in der Abbildung 4-1 die unterschiedlichen positiven und negativen wertebezogenen Ausprägungen verschiedener Generationen hinsichtlich ihres Verhaltens am Arbeitsplatz aufgeführt. Die hier dargestellte Generationeneinteilung stammt zwar aus den USA, sie lässt sich aber durchaus auf den europäischen Kulturkreis übertragen [vgl. Bartscher et al. 2012, S. 31 f.].

Während die **Traditionalisten** längst aus dem Arbeitsleben ausgeschieden sind, gibt es heute im Schwerpunkt zwei Gruppen, die im Rahmen der digitalen Transformation aufeinandertreffen.

Das sind auf der einen Seite die **Baby Boomer** und die **Generation X**. Beide Generationen sind vor 1980 geboren und haben meist eine Organisation aufgebaut und den Erfolg der Vergangenheit erarbeitet. Dabei haben sie häufig ihr Lebenskonzept den organisationalen Anforderungen untergeordnet und zumeist verantwortungsvolle Positionen in den Unternehmen eingenommen. Als Belohnungskonzept dienen beiden Generationen Machtbefugnisse, Privilegien sowie materielle Anreize. Entscheidungen, die von hierarchisch übergeordneten Ebenen getroffen werden, stellen diese Generationen nicht

https://doi.org/10.1515/9783110705959-005

infrage. Der Einfachheit halber werden Baby Boomer und die Generation X zusammen auch als **Digital Immigrants** bezeichnet, denn sie begegneten den Digitaltechnologien erst im Erwachsenenalter.

| | Traditionalisten | "Digital Immigrants" | | "Digital Natives" | |
| | | Baby Boomer | Generation X | Generation Y / Millennials | Generation Z |
	Geburtsjahrgänge bis 1945	Geburtsjahrgänge von 1945 bis 1965	Geburtsjahrgänge von 1965 bis 1980	Geburtsjahrgänge von 1980 bis 1995	Geburtsjahrgänge ab 1995
Verhalten am Arbeitsplatz	+ verlässlich + gründlich + loyal + fleißig + beständig + hierarchietreu - konfliktscheu - systemkonform - wenig veränderungs-bereit	+ kundenorientiert + leistungsbereit + ehrgeizig + motiviert + beziehungsfähig + kooperativ - egozentrisch - eher prozess- als ergebnisorientiert - kritikempfindlich - vorurteilsbeladen	+ flexibel + technik-affin + unabhängig + selbstbewusst + kreativ - ungeduldig - wenig sozial - zynisch - wenig durch-setzungsfähig	+ teamorientiert + optimistisch + hartnäckig + kühn + multitaskingfähig + technologisch fit - unerfahren - anleitungs-bedürftig - strukturbedürftig - antriebsschwach - illoyal	+ Hohe Akzeptanz/ Toleranz von Diversitäten + selbstüberzeugt + technologisch fit + selbstorganisa-tionsfähig - Verantwortung wird abgegeben (z.B. an die Helicopter-Eltern) - geringere Sorgfalt - rudimentäres Google-Gedächtnis
Einstellung zur Arbeit	Pflicht und Wert	Herausforderung und Selbstfindung	Job und Spaß	Sinn und Team	Arbeit ist Spaß, Arbeit ist unsicher und Arbeit ist unklar
Einstellung zur Autorität	Gehorsam	Hassliebe	Unbeeindrucktheit	Höflichkeit	Indifferent
Lebens-philosophie		"Leben, um zu arbeiten"	"Arbeiten um zu leben"	"Erst leben, dann arbeiten"	"Leben und arbei-ten als fließender Prozess"

[Quelle: in Anlehnung an OERTEL 2007, S. 28 f. und CIESIELSKI/SCHUTZ 2016, S. 41 ff.]

Abb. 4-1:   Arbeitsverhalten verschiedener Generationen

Auf der anderen Seite sind es Angehörige der **Generationen Y oder Z** (auch Gen Y und Gen Z genannt). Sie sind nach 1980 geboren, sehr technikaffin und mit Internet und mobiler Kommunikation aufgewachsen. Beide Generationen werden daher auch als **Digital Natives** bezeichnet. Diese Gruppe fühlt sich vergleichsweise freier und unabhängiger. Sie verehrt und bewundert machtbeflissene Vorgesetzte in geringerem Ausmaß und strebt vor allem nach Selbstwirksamkeit und Partizipation auf Augenhöhe. Ein Arbeitsethos, der auf Fleiß, Disziplin und Gehorsam basiert, wird tendenziell abgelehnt. Ziele und Aufgaben werden mehr nach Sinnhaftigkeit und persönlichem Lerninteresse beurteilt. Für Digital Natives ist es motivierend, berufliches Schaffen mit individuellem Lebenssinn zu verknüpfen [vgl. Keese 2014].

Sie denken anders als vorhergehende Generationen, agieren anders, nicht nur im Umgang mit digitalen Medien. Viele Angehörige dieser neuen Generation verfolgen auch andere persönliche Ziele in ihrer Lebensplanung. Deren Motivation lässt sich entsprechend tendenziell immer weniger mit herkömmlichen materiellen und immateriellen Anreizen wecken.

Ebenso wie die Gruppe der Baby Boomer und die Generation X zu „Digital Immigrants" zusammengefasst werden, so entsprechen die „Digital Natives" in etwa den Generationen Y und Z.

4.2 Die besondere Verantwortung der Digital Immigrants

Die allermeisten Manager und Führungskräfte, die heute in den Unternehmen am Ruder sind, gehören der Generation der Baby Boomer oder der Generation X an.

Die Baby-Boomer sind mit einem klar definierten Katalog an Unternehmensbräuchen und **Managementmethoden** groß geworden. Dies gilt besonders für die Einstellung zur Entlohnung, zur Hierarchie und zu den Erwartungen an die Arbeit. Vor allem Führungskräfte, die in den 1950er Jahren geboren sind, kennen es seit ihrer Jugend nicht anders, als mit ihren Gleichaltrigen um alles zu konkurrieren. Es bedeutet ihnen sehr viel, ständig zu gewinnen. Sie sind durchsetzungsstark und engagiert. Arbeit ist für sie Herausforderung [vgl. Erickson 2010].

Die Mitglieder der Generation X (zwischen 1961 und 1981 geboren) haben andere Wertvorstellungen. Sie sind anpassungsfähig, pragmatisch und unabhängig. Sie sind schnell bereit, etablierte Definitionen von Erfolg abzulehnen und ihren eigenen Weg zu suchen. Arbeit ist für sie ein Vertrag. Sie sind durch eine Zeit wirtschaftlicher Unsicherheit und sozialen Wandels geprägt. Sie haben die Aufkündigung der Sozialpartnerschaft zwischen Arbeitnehmern und Arbeitgebern miterlebt. Sie schätzen **Wahlmöglichkeiten** und setzen nicht alles auf eine Karte [vgl. Ciesielski/Schutz 2016, S. 49].

Diese beiden Generationen, die wir zusammen als „Digital Immigrants" bezeichnen, müssen nun Impulse setzen und Entscheidungen für die digitale Transformation treffen, die eine andere Zusammenarbeit voraussetzt, als sie es selbst gewohnt sind. Dazu müssen sie Macht weiterreichen, loslassen, stimulieren und schlicht auf die Selbstverantwortung der Mitarbeiter vertrauen. Für traditionelle Führungskräfte und Unternehmen sind die „Digital Natives" somit eine immer größere Herausforderung. Die Bindung bei ihnen besteht nicht mehr zum Unternehmen, sondern zu interessanten Projekten und zu mitreißenden Führungspersönlichkeiten. Digitale Transformation beschränkt sich nicht auf Technologien, sie umfasst auch kulturelle Gestaltungs- und hybride Arbeitsräume, Kulturen und Werte. Klassische Anreizsysteme, wie etwa Firmenwagen, Einzelbüros und sonstige Statussymbole, verlieren an Wert.

Veränderte gesellschaftliche Rahmenbedingungen oder Wertekonflikte zwischen unterschiedlichen Generationen wirken sich im Rahmen der Digitalisierung besonders stark aus (Gebhardt et al. 2015) und müssen genauer betrachtet werden. Dazu ist es erforderlich, im nächsten Schritt die „Digital Natives", also die Generationen Y und Z mit ihren Einstellungen und Wertvorstellungen näher zu beleuchten.

4.3 Was Digital Natives bewegt

Die Generationen Y und Z bevorzugen flexible und flache Strukturen. Sie lassen sich in starren Hierarchien und mit Disziplin und Gehorsam kaum motivieren. Sie wollen in Projektteams mit anderen auf Augenhöhe arbeiten, inhaltlich Aufgaben ganzheitlich bis zum Erfolg führen und sich mit einer höheren Sache identifizieren. Unternehmenskultur und Arbeitsatmosphäre erscheinen somit als Schlüssel zur Motivation der Generationen Y und Z. Beide Generationen bevorzugen das Denken und den unkomplizierten Austausch in starken Netzwerken. Für sie ist der schnelle Zugang zu Wissen ebenso wichtig wie eine direkte Kommunikation auf Augenhöhe. Die durchgehende Nutzung digitaler Medien und sozialer Netzwerke ist für sie selbstverständlich. Dazu benötigt man ausreichend Freiräume zur Selbstentwicklung sowie ein von Raum und Zeit entkoppelter Arbeitsplatz für Wissensarbeit [vgl. Creusen et al. 2017, S. 122 ff.].

Vor allem dieser **Freiraum** erscheint ein wichtiges Kriterium für einen attraktiven Arbeitgeber zu sein. Kein Vertreter der Generation Y und Z will Zeit im Büro absitzen, wenn gerade keine Aufgaben anstehen, nur weil dies der aktuellen Einsatzplanung entspricht. Andererseits empfinden es Mitarbeiter oftmals als belastend, wenn sie sich im Büro voll auf eine Aufgabe konzentrieren sollen. Auch die permanente Erreichbarkeit und eine eventuell fehlende Abgrenzung von beruflichem zu privatem Leben ist für viele Angehörige der „Digital Natives" nicht zumutbar. Ebenso entspricht die Zunahme an Stress, der durch digitale Wissensarbeit ausgelöst werden kann, häufig nicht den idealistischen Vorstellungen von Arbeitsatmosphäre und Work-Life-Balance dieser Generation. Digitale Führungsmaßnahmen müssen genau hier ansetzen und dies berücksichtigen [vgl. Creusen et al. 2017, S. 124].

Die Generation Z unterscheidet sich von der Generation Y vorwiegend dadurch, dass die Zler mit digitalen Medien wie dem Internet oder dem Smartphone aufgewachsen sind. Sie empfindet dementsprechend keine Angst oder Scheu im Umgang mit digitalen Medien und ist nicht erst wie die Generation Y im frühen Jugendalter digital sozialisiert worden [vgl. Schütz 2015].

Die Generation Y stellt vielfältige Anforderungen an ihre beruflichen Aufgaben. Sie wünscht sich Freiraum und ein hohes Maß an Unabhängigkeit sowie ein regelmäßiges Feedback, kollegiale Arbeitsatmosphäre und die Möglichkeit zu einer Work-Life-Balance. Wichtige Werte und Ziele der Generation Y sind ausreichend Freizeit, Gesundheit,

Zeit für Familie und Freunde, Reisen und Einblicke in fremde Kulturen, Entwicklung und die Möglichkeit zur **Selbstverwirklichung**. Aufgaben sollten möglichst mit Prestige verbunden sein, einen Zusammenhang mit der persönlichen Entwicklung beinhalten und mit Anerkennung durch den Vorgesetzten oder andere verbunden sein. Erfolg und Karriere werden an individuellen Entwicklungsmöglichkeiten, guter Bezahlung und der Möglichkeit zur Übernahme von Verantwortung fest gemacht [vgl. Frohne 2015].

4.4 Wie man Digital Natives gewinnt

Vielen Unternehmen und Organisationen, die einschneidende Digitalisierungs-Herausforderungen zu bewältigen haben, steht eine deutliche Verjüngung ihrer Akteure bevor. Der spürbare Generationswechsel geht mit neuen Kommunikationsweisen und einem veränderten Arbeitsverhalten einher. Die jungen Talente der Generationen Y oder Z sind frisch ausgebildet und haben neue Ideen. Sie werden für die Lösung digitaler Wissensarbeit gebraucht. Kurzum: Die Digital Natives werden immer begehrter und damit der *War for Talents* immer größer.

Welches sind die Elemente, die der Generation Y und der Generation Z wichtig sind, und wie können diese Generationen angesprochen werden? In diesem Zusammenhang ist auf das **Active Sourcing** hinzuweisen, das beim *Recruiting* immer wichtiger wird. *Active Sourcing* bedeutet, dass die Recruiter aktiv bei anderen Firmen nach Mitarbeitern mit passenden Profilen suchen. Der traditionelle Prozess, in dem eine Firma eine Stellenanzeige aufgibt und aus den Bewerbern auswählt, ist dann häufig wirkungslos. Durch Soziale Medien wie Xing und LinkedIn, auf denen die Profile von potenziellen Kandidaten einsehbar sind, wird Active Sourcing zudem immer einfacher [vgl. Creusen et al. 2017, S. 91 f.].

Die Höhe des Gehalts spielt zwar weiterhin eine Rolle, die neue Generation lässt sich jedoch für Geld nicht kaufen, wenn sie für sich keinen Sinn in einer Arbeit sieht. Aus dem Einstellungsinterview muss klar hervorgehen, welchen Beitrag die angebotene Tätigkeit für die wirtschaftliche und gesellschaftliche Entwicklung leistet. Die Zielgruppe lebt nach dem Prinzip **YOLO** *(You only live once)*. Für sie ist Arbeitszeit gleich Lebenszeit und sie möchte, dass der Arbeitgeber verantwortungsvoll damit umgeht. Dies bedeutet, dass diese Mitarbeiter in der Regel nicht bereit sind, jahrelang Überstunden zu machen, wenn sie sich mit dem Ziel nicht identifizieren. Und sie erwarten, auf Augenhöhe angesprochen zu werden. Wenn sie Verantwortung übernehmen, brauchen sie einen Sparringspartner, der sie anleitet. Regelmäßiges, auch informelles und schnelles Feedback sowie (digitale) Weiterbildungsmöglichkeiten und die Einbindung in den Entscheidungsprozess gehören ebenso zu den Erwartungen an den Arbeitgeber. *„Sabbatical is the new company car"* beschreibt die Haltung dieser Generation. Selbstbestimmtheit bei

Arbeitsort und Arbeitszeit, Mitarbeit an spannenden Projekten und State-of-the-art-Digitalgeräte sind weit wichtigere Kriterien für diese Generation als ein nach Hierarchiestufen ausgestattetes Büro oder feste Arbeitszeiten [vgl. Creusen et al. 2017, S. 92].

Nicht nur neue Generationen und digitale Transformation, sondern auch Globalisierung, Genderthematik, Frauen in Führungspositionen, moderne Lebensentwürfe und Patchwork-Konstellationen haben auch die Einstellung zur Arbeit gründlich verändert. **„Digital First"** beschreibt ein neues Denken über die Zukunft von Unternehmen und die Rolle von Menschen in Unternehmen.

Um generationengerecht und generationenverbindend zu führen und zu agieren, schlagen Ciesielski/Schutz [2015, S. 58] drei Wege vor:

Erstens: Bei der Führungskräfteentwicklung sollte der **Irrweg Talentmanagement** durch individuelle Talententfaltungsformate ersetzt werden. Es kommt darauf an, individuelle Führungspersönlichkeiten zu entwickeln und nicht standardisierte Führungsklone als Vorgesetzte vom Fließband zu produzieren.

Zweitens: Die Generation Z arbeitet auf hohem Aktivitätsniveau gerne, aber mit reduzierter Verantwortung, da sie von Kindheit an durch ihre Helikopter-Eltern und in ihrer Umwelt gelernt haben, die Verantwortung stets bei anderen zu sehen. Für die Unternehmen und ihre Führungskräfte bedeutet dies, dass der Generation Z **Verantwortung in kleinen Schritten** und behutsam anerzogen werden muss. Führungskräfte werden damit im Sinne eines konstruktiven Lernbegleiters gefordert werden.

Drittens: Es gilt nicht länger uneingeschränkt der schlichte Satz: „Die Jungen lernen von den Älteren". Führungskunst ist es jetzt, die Kompetenzen der einzelnen Generationen im Alltag so zu erfassen und zu kombinieren, dass sie auch im Ganzen zur Entfaltung kommen können. Hierbei können völlig **neue Rollenbilder** entstehen und zusammenwirken.

4.5 Generationenverbindende Zusammenarbeit als Erfolgsfaktor

Es geht heutzutage nicht mehr darum, digital zu werden – wir sind es bereits. In den heutigen Bürowelten kommen aber nicht nur die Generationen Y und Z, sondern eben auch die Baby Boomer und die Generation X zusammen. Die Frage ist also, wie es gelingen kann, eine generationenübergreifende, besser generationenverbindende Kommunikations- bzw. Unternehmenskultur zu leben. Denn im Bereich der Arbeitskultur kommt es regelmäßig zu den größten Ablehnungs- oder Adaptionserscheinungen gegenüber einer neuen Technologie. Die unterschiedlichen mentalen Modelle und Wertvorstellungen der jeweiligen Generationen zu ignorieren und mit Kündigungen zu reagieren, kann angesichts der demografischen Entwicklung nicht funktionieren und ist keine Lösung. Nur eine generationengerechte Unternehmensführung wird zum wettbewerbsbestimmenden Erfolgsfaktor für die Zukunft [vgl. Möller et al. 2015, S. 127].

Bei den Start-ups sind neue Technologien zumeist essenzielle Bestandteile der Arbeitskultur. Bei den traditionellen Firmen begegnet man den neuen Technologien am besten mit einer kompetenzbasierten, generations- und kultursensiblen Führung fernab der bloßen Statussymbolik. Gefragt ist hier also eine Führung, die alle Generationen begeistert und verbindet, damit alle an der gemeinsamen Arbeitsumgebung arbeiten und fortlaufend hybride (analoge wie digitale) Kompetenzen entwickeln können. Start-ups, die häufig (noch) keinerlei Hierarchien kennen, verstehen sich sehr gut darin, alle Eigenschaften der Generation Y (und zunehmend auch der Generation Z) zu nutzen und auch in ihrem Sinne zu bestärken. Wo andere Unternehmen an ihre Grenzen stoßen und mit den Eigenschaften und Ansichten der Digital Natives (wie z.B. das permanente Hinterfragen der traditionellen Praxis) nicht umgehen können, werden sie in Start-ups unterstützt. Im Gegenzug sind zumindest die „Ypsiloner" bereit, eine hohe Leistungsbereitschaft zu zeigen. Statussymbole wie Dienstwagen sind von geringerer Bedeutung.

Wichtig dagegen ist die intrinsische Motivation der Mitarbeiter. Sie hinterfragen Aufgaben, die zu erledigen sind, und wollen die Sinnhaftigkeit darin erkennen. Ähnliches gilt auch für das Feedback. Zwar suchen Mitarbeiter der Generation Y offensiv das Feedback, jedoch entscheiden sie kritisch, ob sie es annehmen. Für Start-ups ist es wichtig, dass Führungskräfte zwar ein klares Ziel definieren, jedoch nicht den Weg vorgeben. Dadurch können sich Mitarbeiter mit der Aufgabe identifizieren und sind motivierter. Dies steigert wiederum Zufriedenheit und Loyalität. Bei den Freiräumen, die Mitarbeiter bei diesem „Coaching-Ansatz" genießen, geht Autorität nicht verloren. Diese erhält die Führungskraft aber nicht durch Status oder Macht. Vielmehr ist wichtig, dass sie gegenüber dem Mitarbeiter eine natürliche Autorität (besser: Respekt) erlangt. Das kann dadurch erreicht werden, dass Mitarbeiter durch die Erfüllung von Zielen auch ihren persönlichen Zielen näherkommen. Dadurch akzeptiert sie die Führungskraft. Wichtig für die jungen Mitarbeiter ist die Authentizität der Führungskraft. Merkt der Mitarbeiter, dass ihm etwas vorgespielt wird, verliert er schnell den Respekt gegenüber seinem Vorgesetzten [vgl. Riederle 2014].

Der enorme Erfolg, den Start-ups mit ihren innovativen Führungsstilen haben, bleibt auch großen Unternehmen nicht verborgen. Sie übernehmen gewisse Aspekte der neuen Führungsansätze, die sich aus dem Umgang mit den veränderten Wertvorstellungen der neuen Generationen ergeben (siehe Abbildung 4-2), und führen sie in den eigenen Organisationen ein. So auch der Verlag Axel Springer SE, dessen Aktivitäten als beispielhaft im Umgang mit den besonderen Herausforderungen der digitalen Transformation gelten. Im Rahmen seiner Umstrukturierung vom physischen Print-Verlag zum digitalen Medienkonzern tätigte Springer in den Jahren 2006 bis 2015 mehr als 230 Investments vornehmlich in Startup-Unternehmen. Aufgrund der Erfahrungen mit diesen M&A-Aktivitäten wirbt der Konzern mit dem Slogan „Alle Chancen eines Start-ups". Mit dieser Arbeitgeberkampagne will man potenziellen Mitarbeitern zeigen, dass das Unternehmen die Sicherheit und Vorteile eines Konzerns und gleichzeitig die Dynamik und Arbeitskultur eines kleineren Start-ups bietet [vgl. Laudon et al. 2017].

Die alten Werte verändern sich

TRADITIONELLE KOMPETENZEN		NEUE KOMPETENZEN
Perfektion Wille zur absoluten Höchstqualität und allumfassenden Betrachtung des Problems.	→	**Schnelligkeit** Agile Prozesse – Im Prototyp ist die große Idee bereits angelegt.
Das Team führen Fokus liegt auf der Führung der anvertrauten Mitarbeiter.	→	**In Netzwerken denken** Fokus auch auf Geschäftspartner, Kollegen, Experten außerhalb der Organisation.
Erfolge fortschreiben Aus Erfolgen der Vergangenheit Herangehensweisen für die Zukunft ableiten.	→	**Disruptiv denken** Die eigene Herangehensweise täglich neu und innovativ hinterfragen.
Ziele vorgeben Die eigenen Ziele und Werte kommunizieren. Inhalt wichtiger als Form.	→	**Inspirieren** Den höheren Sinn bedeutsam und begeisternd kommunizieren. Form genauso wichtig wie Inhalt.
Stabilität Unruhe im Team vermeiden.	→	**Veränderungsbereitschaft** Den sicheren Zustand „stören", Willen zum Hinterfragen des Bestehenden wecken. Vertrauen als Basis.
Fach-/Führungskompetenz Sich und sein Team führen. In seinem Fachgebiet außerordentliches leisten.	→	**Digitale Kompetenz** Technische Grundlagen kennen, Arbeitsmittel beherrschen.

axel springer

[Quelle: AXEL SPRINGER SE]

Wie kaum ein anderes Unternehmen der Medienbranche hat sich die AXEL SPRINGER SE auf die digitale Transformation eingestellt. Zu den jüngeren strategischen Maßnahmen zählen der Verkauf verschiedener Zeitungen und Zeitschriften an die FUNKE Mediengruppe sowie die Zusammenführung von N24 und Welt-Gruppe. Neue Akquisitionen im Bereich Rubriken und diverse Investitionen in journalistische Portale in den USA sowie eine neue Marktsegmentierung in die Bereiche ,Bezahlangebote', ,Vermarktungsangebote' und ,Rubrikenangebote' runden die strategische Neuausrichtung ab. Die digitale Transformation erfordert aber nicht nur neue Geschäftsstrategien, sondern auch neue Führungsmodelle, die sich an den veränderten Werten der Mitarbeiter orientieren müssen.

Abb. 4-2: „Die alten Werte verändern sich"

Um angesichts der fortschreitenden digitalen Transformation ein differenziertes Bild der Führungskultur in Deutschland zeichnen zu können, wurde von der vom Bundesministerium für Arbeit und Soziales ins Leben gerufene Initiative Neue Qualität der Arbeit (INQA) eine Kulturstudie durchgeführt. Im Rahmen der Studie wurden 400 Tiefeninterviews mit Führungskräften durchgeführt. Ein wesentliches Ergebnis der Studie sind zehn Kernaussagen der Studienteilnehmer zu „guter Führung" [Forum Gute Führung 2014, S. 6 ff.]:

- Flexibilität und Diversität sind [von den Studienteilnehmern] weitgehend akzeptierte Erfolgsfaktoren.
- Prozesskompetenz ist für alle [Studienteilnehmer] das aktuell wichtigste Entwicklungsziel.
- Selbst organisierende Netzwerke sind das [von den Studienteilnehmern] favorisierte Zukunftsmodell.
- Hierarchisch steuerndem Management wird [von den Studienteilnehmern] mehrheitlich eine Absage erteilt.
- Kooperationsfähigkeit hat Vorrang vor alleiniger Renditefixierung.
- Persönliches Coaching ist ein unverzichtbares Werkzeug für Führung.
- Motivation wird an Selbstbestimmung und Wertschätzung gekoppelt.
- Gesellschaftliche Themen rücken in den Fokus der Aufmerksamkeit.
- Führungskräfte wünschen sich Paradigmenwechsel in der Führungskultur.
- Führungskultur wird [von den Studienteilnehmern] kontrovers diskutiert.

Ob sich junge Menschen zu Beginn ihres Berufslebens für eine Arbeit in einem Start-up mit vielen Freiräumen oder in einem hierarchisch geprägten Unternehmen mit mehr Strukturen, Prozessen und Routinen entscheiden, hängt sicherlich von ihren persönlichen Präferenzen ab. Damit stellen sie eigenverantwortlich schon erste Weichen dafür, wie sie arbeiten und wie sie geführt werden möchten. Die agile Aufgabenbearbeitung mit „Start-up-Methoden" steht dabei den Strukturen und Standards der *„Managerial-Effectiveness"* größerer Unternehmen gegenüber. Doch unabhängig davon, wie sich junge Menschen entscheiden, eine gute Führung zeichnet sich in allen Unternehmen durch Wertschätzung, Anerkennung, soziale Präsenz und letztlich auch durch das Führungsprinzip *„Management by Objectives"* aus. Das ist eine Frage der Persönlichkeit der jeweiligen Führungskraft und nicht, ob man in einem Start-up oder in Großunternehmen arbeitet. Offensichtlich ist es aber eine anspruchsvollere Führungsaufgabe, den jungen Mitarbeitern von Großunternehmen in prozessgesteuerten Bereichen das Gefühl der Arbeitszufriedenheit und -erfüllung zu vermitteln.

5. Digitalisierung und Unternehmenskultur

> *„Kultur ist menschlich, Kultur entsteht durch Interaktionen, Kultur ist nicht steuerbar. Sie ist die Währung der neuen Arbeitswelt. Sie zieht Fachkräfte an und stößt sie ab. Sie treibt Innovation an und verhindert sie. "*
>
> *[Svenja Hofert/Claudia Thonet]*

Wenn es richtig ist, dass Technologien für ihren Einsatz bestimmte Kulturtechniken erfordern, die ihrerseits kulturverändernd sind, dann drängen sich folgende Fragen auf:

Welchen Beitrag leistet die Unternehmenskultur bei der Begegnung mit den Werten der neuen Technologien? Besteht ein Zusammenhang zwischen Unternehmenskultur und digital geprägter Führung? Was zeichnet Unternehmenskultur im Zusammenhang mit der Adoption neuer Technologien aus? Wie reagieren Unternehmenskulturen mit unterschiedlichen technologischen Ausprägungen und Lernkurven, wenn sie zusammengeführt werden (Merger, Fusion, Übernahmen)?

Bevor diese Fragen erörtert werden, soll aufgezeigt werden, was Unternehmenskultur ist und was sie bewirken kann.

5.1 Was Unternehmenskulturen besonders auszeichnet

Jedes Unternehmen verfügt über eine Unternehmenskultur. Diese wird nicht einfach erfunden oder verordnet, sondern (vor)gelebt. Unternehmenskultur ist kein Rezept, das einfach verordnet werden kann. Sie entsteht mit der Unternehmensgründung und ist je nach Entwicklungsgeschichte des Unternehmens mehr oder weniger ausdifferenziert. Häufig liegen die Ursprünge einer Unternehmenskultur beim Unternehmensgründer (z. B. Thomas Watson bei IBM, Steve Jobs bei Apple, die Familie Bentz bei Melitta, August Oetker, Max Grundig), die mit ihren Visionen und Ideen, mit ihren Wertvorstellungen, Eigenarten und Neigungen als Vorbilder für nachfolgende Managergenerationen dienen. Kulturprägend wirken aber auch Krisen und einschneidende Veränderungen sowie die Art und Weise, wie diese gemeistert werden, neue Geschäftsmodelle, die Branche und das (regionale) Umfeld eines Unternehmens, die Art der Kunden, der Investoren etc. [vgl. Buss 2009, S. 176 ff.].

„Technologie wirkt in Kultur hinein, aber Kultur wirkt auch ihrerseits in die Entwicklung und den Einsatz von Technologien hinein. Jeder Organisationskultur liegen Werte zugrunde, die auf neue Technologien reagieren. Positiv, wie auch negativ. " [Ciesielski/ Schutz 2016, S. 3].

https://doi.org/10.1515/9783110705959-006

Die Unternehmenskultur (engl. *Corporate Culture*) besteht aus einem unsichtbaren Kern aus **grundlegenden, kollektiven Überzeugungen**, die das Denken, Handeln und Empfinden von Führungskräften und Mitarbeitern maßgeblich beeinflussen und die insgesamt typisch für das Unternehmen sind (innere Haltung). Diese grundlegenden Überzeugungen beeinflussen die Art, wie die **Werte** nach außen gezeigt werden (äußere Haltung). Gleichzeitig sind sie maßgebend für die **Verhaltensregeln** („so wie man es bei uns macht"), die an neue Mitarbeiter und Führungskräfte weitergegeben werden und die als Standards für gutes und richtiges Verhalten gelten. Diese Regeln zeigen sich für alle sichtbar an **Artefakten** wie Ritualen, Statussymbolen, Sprache, Kleidung etc. [vgl. Sackmann 2004, S. 24 ff.].

Die **Unternehmenskultur ist** in vielfacher Hinsicht von besonderer Bedeutung. Sie ist sowohl für das Unternehmen selbst als auch für die Mitarbeiter **sinnstiftend**. Als unsichtbare Einflussgröße erfüllt die Unternehmenskultur zentrale Funktionen, die für das Bestehen und Funktionieren eines Unternehmens notwendig sind.

Zu diesen zentralen Funktionen zählt die **Reduktion von Komplexität,** d. h. die von der Unternehmenskultur vorgegebenen kollektiven Denkmuster dienen als Filter für die Wahrnehmung und bewirken eine schnelle Vorsortierung vorhandener Informationsfülle in „relevant" und „nicht relevant". Eine weitere Funktion ist das **koordinierte Handeln**, das die Unternehmenskultur Mitarbeitern und Führungskräften ein gemeinsames Sinnsystem bereitstellt und damit sinnvolle gemeinsame Kommunikationsprozesse und abgestimmtes Handeln erst möglich macht. Dann ist es die **Identifikation**, d. h. die grundlegenden Überzeugungen und Annahmen, die der Unternehmenskultur innewohnen, die Einfluss auf das Ausmaß an Identifikation von Mitarbeitern mit ihrem Unternehmen hat. Darüber hinaus übt jede Unternehmenskultur eine mehr oder weniger starke **Integrationskraft** aus, die besonders dann zu Tragen kommt, wenn Bedrohungen aufkommen oder wenn unterschiedliche Kulturen oder Subkulturen zusammengeführt werden (sollen). Schließlich erlaubt die in der Unternehmenskultur enthaltene kollektive Lerngeschichte routiniertes Handeln und schreibt die in der Vergangenheit erfolgreichen Erfolgsrezepte in der Gegenwart und Zukunft weiter fort. [vgl. Sackmann 2004, S. 27 ff.].

Oftmals waren es auch gerade die oben genannten Unternehmenslenker, die für eine neue Technologie oder neue Geschäftsprozesse standen und diese mit ins Unternehmen brachten oder gar die neuen Entwicklungen zum **Zentrum ihres Geschäftsmodells** machten. Heute finden wir solche Techniker und Tüftler, die neue Technologien zu ihrem Geschäft machen, bei den **Start-ups** – also bei Inhaber-geführten Unternehmen. Hier haben die neuen Technologien „leichtes Spiel". Sie werden quasi mit der Muttermilch aufgesogen und sind von Anfang an feste Bestandteile der Arbeitskultur.

5.2 Wenn verschiedene Unternehmenskulturen aufeinanderprallen

Wenn es im Rahmen der digitalen Transformation zu (notwendigen) Firmenübernahmen oder -zusammenschlüssen kommt, prallen zumeist unterschiedliche Unternehmenskulturen aufeinander. Anstelle der erhofften Wertsteigerung kommt es dann allerdings überwiegend zu Wertvernichtung und Rentabilitätseinbußen. Drei Ursachen können dafür verantwortlich sein [vgl. Lippold 2017a]:

Bei der **ersten Ursache** geht es um den angestrebten strategischen „Fit" – also um Verbundeffekte (engl. *economies of scope*), um Größenvorteile im Absatzbereich (engl. *economies of scale*), um höhere Geschwindigkeiten bei Markteintritt und -durchdringung (engl. *economies of speed*) sowie um Know-how-Zuwächse bzw. „Skill-Effekte", welche die Innovations- und Wettbewerbsfähigkeit der beteiligten Unternehmen stärken (sollen). In den allermeisten Fällen werden diese Erklärungsmuster, die man auch unter dem Begriff **„Synergie-Effekte"** zusammenfassen kann, den M&A-Transaktionen zur Rechtfertigung und Plausibilität im Nachhinein „untergeschoben". Dies gilt insbesondere dann, wenn hinter den Transaktionszielen ausschließlich die Motive des Managements der fusionierenden Unternehmen stehen. Andere Stakeholder-Gruppen wie Arbeitnehmer, Gewerkschaften, Gläubiger, Lieferanten oder Kunden, die ebenfalls nachhaltig beeinflusst werden können, werden dann mit diesen vordergründigen Erklärungen abgespeist. Dies gilt umso mehr, wenn die wahren Motive der angestrebten Transaktion reines **Machtstreben der Akteure** sind. Schiere Größe muss mit Erfolg nicht identisch sein. Statistisch gesehen wachsen kleine und mittlere Unternehmen schneller und schaffen mehr Arbeitsplätze als große. Größe sollte also nicht nur begründet, sondern es sollten auch die Nachteile der Größe gegengerechnet werden. Insbesondere die **verantwortlichen Aufsichtsräte** sind hier gefordert.

Die **zweite Ursache** für den Misserfolg setzt am Ende der Fusionsphase an. Der Mehrwert eines Zusammenschlusses ist durch den Austausch von Ressourcen zwischen den Fusionspartnern begründet. Wenn nun aber die Vereinbarungen und Spielregeln über Integrationstiefe, Integrationsbreite, Integrationsreihenfolge, die für die Post-Merger-Integrationsphase vereinbart waren, nicht eingehalten werden, ist eine erfolgreiche Zusammenarbeit nur schwer möglich. Und wenn die konsistente und zielgerichtete Kommunikation, die die Integrationsphase begleiten soll, ständig unterlaufen wird, ist ein Scheitern der Fusion vorprogrammiert.

Kommen wir zur **dritten und wohl wichtigsten Ursache**. Sie stellt den Misserfolgsfaktor im Zusammenhang mit den **Unternehmenskulturen der beteiligten Unternehmen** in den Mittelpunkt. Hier liegen die von den beiden Gruppen vertretenen **grundlegenden Überzeugungen**, die das Denken, Handeln und Empfinden von Führungskräften und Mitarbeitern maßgeblich beeinflussen und die insgesamt typisch für das jeweilige Unternehmen sind (innere Haltung), weit auseinander. Die grundlegenden Überzeugungen, die Art, wie die **Werte** nach außen gezeigt werden (äußere Haltung) sind nicht miteinander vereinbar. Gleichzeitig differieren die Verhaltensregeln („so wie man es bei uns macht"), die an neue Mitarbeiter und Führungskräfte weitergegeben werden und die als Standards für gutes und richtiges Verhalten gelten, zu stark. Ein Beispiel dazu ist das Entscheidungsverhalten: Die Mitarbeiter des einen Unternehmens haben große Entscheidungsspielräume, die sie auch nutzen. Bei den Beschäftigten des anderen Unternehmens bestimmen Absicherung und Kontrolle die Zusammenarbeit. Das Management der einen Organisation agiert eher kostengetrieben, die Führungskräfte der anderen Organisation mehr gewinnorientiert. Und besonders wichtig: Wie werden Mitarbeiter geführt? Bei dem einen Unternehmen steht Vertrauen, Begeisterung und Offenheit an erster Stelle, bei dem anderen hat Kontrolle, Vergleich und Ranking die höchste Priorität. Solche und weitere Merkmale charakterisieren eine Organisation und können ihr sogar Wettbewerbsvorteile verschaffen.

Im Umfeld eines Mergers besteht die Gefahr, dass die Mitarbeitermotivation und damit die Produktivität einbrechen. Starke Verunsicherung („Was passiert mit mir?"), Misstrauen gegenüber den Mitarbeitern des anderen Unternehmens und ein Gefühl von Kontrollverlust werden zum täglichen Begleiter während der Merger-Phase. Bei den Mitarbeitern des vermeintlich „schwächeren" Unternehmens kann ein Gefühl von Unterlegenheit aufkommen. Diese Emotionen führen dazu, dass sich die Mitarbeiter nur noch mit sich selbst beschäftigen – das operative Tagesgeschäft und besonders die Kundenbeziehungen werden zweitrangig. Im Extremfall kommt es zur inneren oder tatsächlichen Kündigung. Werden kulturelle Unterschiede nicht berücksichtigt, kann dies zu Widerständen und Konflikten führen, die den Integrationsfortschritt behindern oder gar zum Stillstand bringen.

Um solche Situationen zu vermeiden, werden drei Strategien der kulturellen Integration vorgeschlagen [vgl. Cartwright/Cooper 1996, S. 65 ff.]:

Erstens: Kulturpluralismus ist die erste strategische Stoßrichtung. Beide Kulturen bleiben nebeneinander bestehen. Man könnte, da wir es ja bei einer Transaktion mit einer Art „Hochzeit" zu tun haben, auch von einer „offenen Ehe" sprechen. Die beteiligten Unternehmen können ihre Kulturwerte (z.B. Führungsstil, Entscheidungsverhalten, Umgang mit Kunden etc.) aufrechterhalten. Jeder kann weiterhin im Rahmen der gemeinsamen Ziele relativ autonom agieren. Es handelt sich um eine ziemlich erfolgreiche Form des Zusammenschlusses, da die erforderlichen Veränderungen eher gering sind.

Zweitens: Die Übernahme einer Kultur, in der Regel der des Käufers, ist die zweite Strategieoption. Man kann auch vom Konzept der „traditionellen Ehe" sprechen. Um die Ziele des Zusammenschlusses zu erreichen, wird i.d.R. das übernommene Unternehmen dem Übernehmer angepasst. Der Erfolg des Mergers hängt hierbei entscheidend davon ab, ob das übernommene Unternehmen bereit ist, diese Art von „Ehevertrag" zu akzeptieren.

Drittens: Die **Symbiose der Kulturen** („Best of Both") ist die dritte strategische Variante. Dies entspricht dem Konzept der **„modernen Ehe"**. Die Fusionspartner schätzen gegenseitig die Kompetenz und Fähigkeit des jeweils anderen Managements als hoch ein. Die beiderseitige „Integration" führt zu großen Veränderungen für beide Seiten. Dieser Fall setzt eine ausgesprochen hohe Integrationsfähigkeit voraus.

Doch wie realistisch bzw. erfolgversprechend sind solche **„Kulturverordnungen"** eigentlich?

Bei der **traditionellen Ehe**, also bei der verordneten Übernahme der Kultur des übernehmenden Unternehmens, werden sich – eine starke Kultur des übernommenen Unternehmens vorausgesetzt – alle wirklich wichtigen Mitarbeiter „aus dem Staube" machen.

Bei der **modernen Ehe** fehlen i.d.R. die Instrumente, die Transparenz und die Zeit, um die Kulturen so aufzudröseln, dass schlussendlich nur noch die Vorzüge beider Kulturen in der **Zielkultur** zum Tragen kommen.

Bleibt schließlich noch die **offene Ehe** als wohl einzig realistische Strategie, denn Kulturen kann man nicht verordnen, sondern müssen (vor-)gelebt werden. Bei der offenen Ehe bleiben beide Kulturen (zunächst) nebeneinander bestehen. Die Gefahr einer Auseinanderentwicklung besteht dann nicht, wenn man besonders wichtige Positionen zunächst doppelt besetzt, bis sich der endgültige Stelleninhaber „ausmendelt". Das Vorgehen wird bspw. bei Zusammenschlüssen von Dienstleistungsunternehmen bevorzugt. Allerdings kann es bei dieser Vorgehensweise geschehen, dass sich die (letztlich stärkere) Kultur des übernommenen Unternehmens durchsetzt, obwohl dieses durchaus kleiner sein kann als das übernehmende. Man spricht in diesem Fall von einem Reverse-Merger bzw. **Reverse-Takeover**. Die Fusionen von Price Waterhouse und Coopers & Lybrand sowie Ernst & Young und Arthur Andersen sind Bespiele dafür, wie David letztlich Goliath bezwingen kann.

Egal ob freundliche Übernahme, feindlicher Takeover, Fusion auf Augenhöhe, Verschmelzung oder Integration, bei Unternehmenszusammenschlüssen ist die **Kulturintegration** der am häufigsten unterschätzte Erfolgsfaktor. Die Unternehmenskultur gilt als weicher Faktor – hat jedoch harte Auswirkungen: Ein Großteil des Erfolgs einer Organisation hängt mit kulturellen Aspekten zusammen, etwa mit der Teamorientierung, der Mitarbeiterförderung, der Gehaltsstruktur oder der Veränderungsfähigkeit eines Unternehmens. Das Scheitern einer Unternehmenszusammenlegung ist zumeist darauf zurückzuführen, dass es offensichtlich nicht gelungen ist, verschiedene Unternehmenskulturen harmonisch miteinander zu verschmelzen. Vielfach sind es also keine ökonomischen Defizite, sondern die mangelhafte Berücksichtigung weicher Faktoren, die zu Integrationsproblemen führen. Diese Problematik stellt sich aber nicht nur bei internationalen, sondern auch bei nationalen M&A-Projekten, da auch Unternehmen aus demselben Kulturkreis durchaus unterschiedliche „Binnenkulturen" aufweisen können.

Wenn zwei Unternehmen fusionieren, prallen zwei Unternehmenskulturen aufeinander. Dadurch entstehen Angst und Unsicherheit bei den Mitarbeitern und eine Widerstandsreaktion gegen die anstehenden Veränderungen wird ausgelöst. In dieser Phase eines Zusammenschlusses wird über den Erfolg oder Misserfolg einer Fusion entschieden. Aus dem Festhalten an Werten und Grundannahmen der eigenen Kultur resultiert, dass Organisationsmitglieder eine neue Kultur nicht akzeptieren, Programme zur Umstrukturierung und Integration nicht umgesetzt werden, Mitarbeiter die Unternehmen verlassen, allgemeine Angst und Ungewissheit ausbricht und Unternehmensziele in den Hintergrund geraten. Die wirklichen Ziele der Transaktion sind unter diesen Umständen nur schwer erreichbar. Die Kosten der Integration übersteigen oft die erhofften monetären Gewinne z.B. aus Synergieeffekten.

5.3 Das Kulturwandelhaus – ein möglicher Ansatz

Ebenso wie sich Kultur nicht verordnen lässt, so kann auch ein Kulturwandel nicht gemanagt werden. Er kann bestenfalls initiiert oder begleitet werden, aber nicht managen im Sinne von planen, organisieren und zu einem Soll führen. Daher ist auch der Begriff *Change Management* in hohem Maße irreführend. Beim Kulturwandel geht es daher vor allem darum, Rahmen (engl. *Frames*) zu schaffen, innerhalb derer sich etwas verändern kann [vgl. Hofert/Thonet 2019, S. 4].

Doch wie sieht ein solcher Rahmen, ein Framework für den Wandel aus?

Mit dem **Kulturwandelhaus** bieten Svenja Hofert und Claudia Thonet einen überzeugenden Rahmen für einen möglichen Wandel der Arbeitskultur an. Dieser Rahmen besteht aus einem Fundament, drei Säulen und einem Dach. Wie gesagt, das Kulturwandelhaus ist nicht die Lösung, sondern der Rahmen für eine mögliche Lösung. Im Folgenden sollen die wesentlichen Eckpfeiler des Kulturwandelhauses skizziert werden [vgl. Hofert/Thonet 2019, S. 55 ff.]:

Das **Fundament** besteht aus reflektierten Grundannahmen, aus denen sich ein gemeinsames Verständnis für das ergibt, das es zu verändern gilt. Im Fundament stehen Maßnahmen an, die helfen, ein gemeinsames Verständnis für die gewünschte Veränderung herzustellen. Gruppenveranstaltungen, Impulse, Podiumsdiskussionen, Teamevents: Emotionen bringen die Dinge in Bewegung. Der *Diskurs*, also die gemeinsame Erörterung und Klärung des Themas – Kulturwandel –, ist hier die zentrale Methode. „Das Alte würdigen und das Neue forcieren" kann hier ebenso ein Lösungsansatz sein wie „Die Menschen abholen, indem man ihnen den Nutzen und den Mehrwert erklärt."

Die Säule **Mindset** enthält die Philosophie, Werte und Prinzipien. Es wird unterschieden zwischen dem organisationalen und dem individuellen Mindset. Die Organisation folgt einer bestimmten Denk- und Handlungslogik, aber auch der einzelne Mitarbeiter und die Führungskraft. Diese Logik zu ergründen, ist eine wichtige Ausgangsbasis für die Veränderung. Welchen Grundannahmen folgen wir? Müssen diese angesichts der gewünschten Veränderung revidiert werden? Die zentrale Methode hier ist die *Reflexion*. In dieser Säule können Werteworkshops oder auch Reflexionen und Retrospektiven stattfinden.

Die zweite Säule betrifft das **Verhalten**. Wonach sollen Führungskräfte und Mitarbeiter handeln, was gibt ihnen Handlungsimpulse? Wie könnten sie sich anders verhalten und was muss sich dazu ändern? Die zentrale Methode hier ist das *Experiment* – anderes Handeln ausprobieren. Erfahren und Üben stehen im Vordergrund.

Die dritte Säule ist die der **Architektur und des Designs**. Damit wird alles angesprochen, was Struktur gibt. Dazu gehört das Organisations- genauso wie das Teamdesign. Der zentrale Ansatz ist hier *Information*, wozu auch Schulung und Beratung zählen.

Im **Dach**, das sich formt oder bereits besteht, steckt die *Vision* drin. Hier geht es also um die langfristige Vorstellung von der Unternehmensentwicklung. Diese muss mit der entsprechenden Kommunikation über den Veränderungsprozess, in den alle Mitarbeiter eingebunden sein müssen, verzahnt werden. *Kommunikation* ist somit auch die zentrale Methode, in all ihren Facetten, schriftlich, mündlich, visuell, per Audio- und Videobotschaft.

Alle Säulen sind verzahnt, können und sollten aber für die Interventionsplanung separat betrachtet werden. Jede beinhaltet zentrale Fragestellungen. In Abbildung 5-1 ist das Kulturwandelhaus mit seinen Bauelementen und einigen zentralen Fragestellungen im Kontext dargestellt.

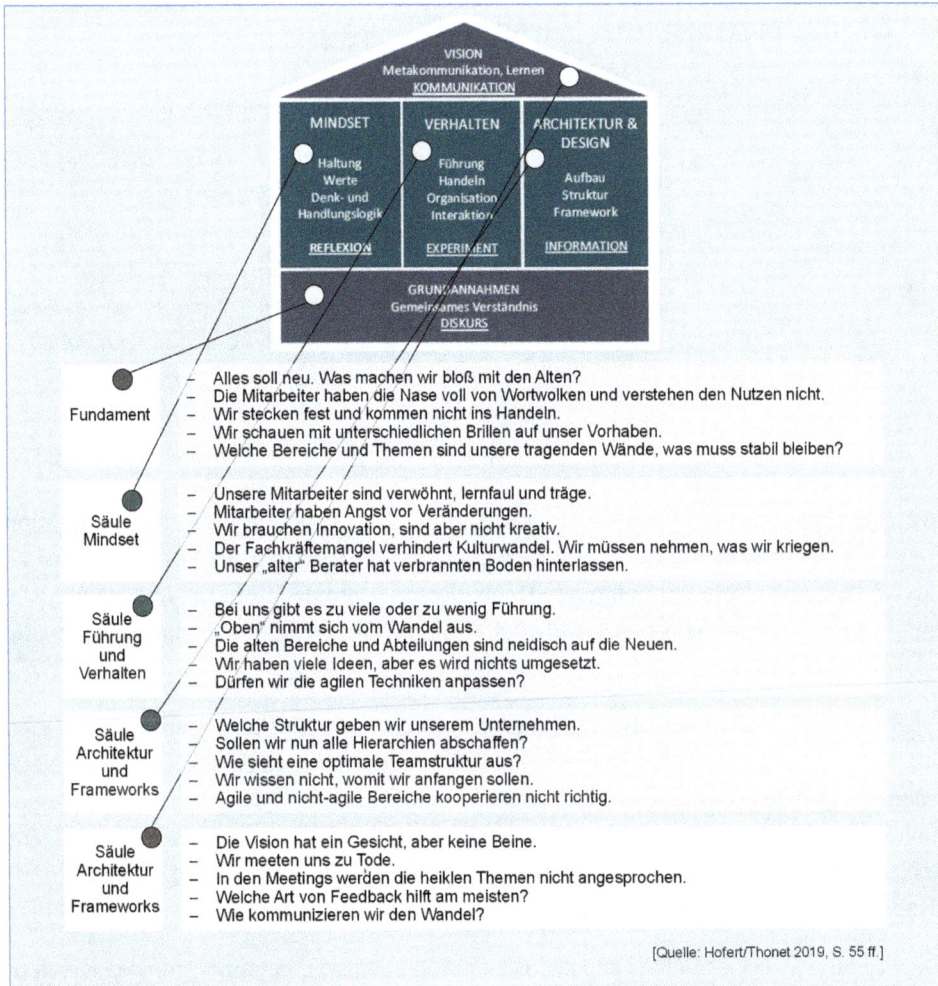

Das Kulturwandelhaus – Diagramm:

VISION
Metakommunikation, Lernen
KOMMUNIKATION

MINDSET	VERHALTEN	ARCHITEKTUR & DESIGN
Haltung Werte Denk- und Handlungslogik	Führung Handeln Organisation Interaktion	Aufbau Struktur Framework
REFLEXION	EXPERIMENT	INFORMATION

GRUNDANNAHMEN
Gemeinsames Verständnis
DISKURS

Fundament
- Alles soll neu. Was machen wir bloß mit den Alten?
- Die Mitarbeiter haben die Nase voll von Wortwolken und verstehen den Nutzen nicht.
- Wir stecken fest und kommen nicht ins Handeln.
- Wir schauen mit unterschiedlichen Brillen auf unser Vorhaben.
- Welche Bereiche und Themen sind unsere tragenden Wände, was muss stabil bleiben?

Säule Mindset
- Unsere Mitarbeiter sind verwöhnt, lernfaul und träge.
- Mitarbeiter haben Angst vor Veränderungen.
- Wir brauchen Innovation, sind aber nicht kreativ.
- Der Fachkräftemangel verhindert Kulturwandel. Wir müssen nehmen, was wir kriegen.
- Unser „alter" Berater hat verbrannten Boden hinterlassen.

Säule Führung und Verhalten
- Bei uns gibt es zu viele oder zu wenig Führung.
- „Oben" nimmt sich vom Wandel aus.
- Die alten Bereiche und Abteilungen sind neidisch auf die Neuen.
- Wir haben viele Ideen, aber es wird nichts umgesetzt.
- Dürfen wir die agilen Techniken anpassen?

Säule Architektur und Frameworks
- Welche Struktur geben wir unserem Unternehmen.
- Sollen wir nun alle Hierarchien abschaffen?
- Wie sieht eine optimale Teamstruktur aus?
- Wir wissen nicht, womit wir anfangen sollen.
- Agile und nicht-agile Bereiche kooperieren nicht richtig.

Säule Architektur und Frameworks
- Die Vision hat ein Gesicht, aber keine Beine.
- Wir meeten uns zu Tode.
- In den Meetings werden die heiklen Themen nicht angesprochen.
- Welche Art von Feedback hilft am meisten?
- Wie kommunizieren wir den Wandel?

[Quelle: Hofert/Thonet 2019, S. 55 ff.]

Abb. 5-1:   Das Kulturwandelhaus

6. Digitalisierung und Personalführung

„Wir erleben gerade einen Paradigmenwechsel in deutschen Unternehmen. Entscheidungsfähigkeit und Macht werden zunehmend auf Teams oder Projektgruppen verlagert. Der einzelne kluge Kopf wird Teil von Kooperationsnetzen. Geführte erwarten zunehmend andere Menschenführung, Führungskräfte sind zunehmend auf der Suche nach einem anderen Verständnis von Führung und beide wollen eine neue Führungskultur." [Thomas Sattelberger]

Wenn die These zutrifft, dass unsere heutige Führung mit der digitalen Transformation in weiten Teilen überfordert ist, wie sieht dann richtige Führung aus? Angesprochen ist das Modell der „Digitalen Führung". Doch gibt es „Digitale Führung" überhaupt? Wie unterscheidet sie sich von herkömmlicher Führung? Was sind die ersten Schritte in die neue Richtung?

Heutzutage liegt der Fokus der Führung nicht allein auf dem Führenden, sondern auch auf den Geführten, den Peers, den Arbeitsbedingungen und auch der Arbeitskultur. Neue Führungsansätze betrachten ein viel breiteres Feld und eine größere Vielfalt von Personen national wie international. Gleichzeitig findet sich Führung heute in den verschiedensten Modellen wieder: strategisch, global, komplex, verteilt, relational, sozial-dynamisch [vgl. Lang/Rybnikova 2014, S. 20].

Die Welt der klassischen Führungstheorien mit ihren klaren, eindimensionalen Konzepten, bei denen **Führungseigenschaften**, **Führungsverhalten** und **Führungssituationen** im Vordergrund stehen, wird von einer Führungswelt abgelöst, die sich sehr gut mit dem schon fast geläufigen Akronym VUCA beschreiben lässt. VUCA steht für volatil, unsicher, komplex (engl. *complex*) und mehrdeutig (engl. *ambiguous*). Die eigentliche Herausforderung einer VUCA-Welt besteht nämlich darin, sie anzunehmen und mit ihr mitzugehen. Im Klartext heißt das: Als Organisation mit Schwankungen mitgehen können und die Unsicherheiten akzeptieren [vgl. Ciesielski/Schutz 2016, S. 4].

Als Grund für das Entstehen dieser neuen Führungstheorie werden häufig der Wandel der Gesellschaft und der Einzug der „Generation Y" in den Arbeitsmarkt genannt, die nun nach und nach die Mitglieder anderer Generationen (Generation X) ablösen. Wo Mitglieder der Generation X mit Hierarchien und kontrollierten Abläufen aufgewachsen waren, stehen bei den heutigen Digital Natives der Generation Y viel stärker emotionale Werte im Fokus ihres Denkens und ihrer Haltung.

https://doi.org/10.1515/9783110705959-007

6.1 Digitalisierung und neue Führungsansätze

Beispielhaft für die Vielzahl neuer Führungsansätze, die auch kurz als **New Leadership-Ansätze** bzw. **New Work-Führungsansätze** (und manchmal sogar als *„Führungsinstrumente aus dem Silicon Valley"*) bezeichnet werden, sollen einige besonders intensiv diskutierte Konzepte vorgestellt werden. Im Vordergrund steht hierbei jedoch keine theoretische Durchdringung der einzelnen Führungsansätze, sondern lediglich eine kurze inhaltliche Darstellung der wichtigsten Ausprägungen: Super Leadership, geteilte und verteilte Führung, agile Führung, systemische Führung, virtuelle Führung und digitale Führung.

(1) Super Ledership

Der **Super Leadership-Ansatz** (engl. *Super Leadership Theory*) befasst sich mit den Herausforderungen einer dezentralen Arbeitswelt, in der es für Führungskräfte mitunter sehr schwierig sein kann, Mitarbeiter zeitnah zu erreichen und deren Verhaltensweisen in ihrem Verantwortungsbereich durch direkte Einflussnahme zu steuern. Vor diesem Hintergrund wird verstärkt auf weichere, weniger starre Formen der Arbeitsorganisation gesetzt. Diese beinhalten unter anderem eine größere Selbständigkeit der Mitarbeiter. Der Super Leadership-Ansatz, der zu den transformationalen New Leadership-Theorien zählt, beschäftigt sich daher intensiv mit der Antwort auf die Frage, wie es Führungskräften gelingen kann, Mitarbeiter zur Selbstorganisation oder „Selbstführung" zu motivieren bzw. zu befähigen. Diese Fähigkeit wird als „Self Leadership" bezeichnet. In der Theorie agiert also der Führende als „Super Leader", der seinen Mitarbeitern flexiblere Rahmenbedingungen für eine zweckgerichtete Selbststeuerung schafft [vgl. Stock-Homburg 2013, S. 515 ff.].

Das Konzept der Super Leadership grenzt sich somit spürbar von klassischen Führungsstilen ab, bei denen der Vorgesetzte die Verhaltenssteuerung der Geführten übernimmt, den Spielraum seiner Mitarbeiter also klar begrenzt. Der Führende agiert nicht mehr als eine Art „Über-Führer", sondern eher als am Arbeitsablauf orientierter Gestalter, der seinen Mitarbeitern Freiräume lässt und die Möglichkeit eröffnet, sich selbst zu organisieren. Der Vorgesetzte selbst sieht sich dabei als Prozessmoderator. Um eine erfolgreiche Self Leadership durchzusetzen, schlagen die Führungsforscher MANZ und SIMS einen mehrstufigen Prozess vor, an dessen Ende eine Einführung der Self-Leadership durch Super Leadership erfolgt ist. Dieses Ziel ist dann erreicht, wenn sich Mitarbeiter Aufgaben und Informationen selbstständig suchen und Entscheidungen eigenständig treffen. Grundlage sind dabei stets die Wertvorstellungen des Unternehmens und dessen Strategien [vgl. Schirmer/Woydt 2016, S. 192].

(2) Geteilte Führung

Infolge von Globalisierung und Digitalisierung verbunden mit neueren Organisationsansätzen (Stichwort: flachere Hierarchien) und zunehmender Forderung nach stärkerer

Demokratisierung unternehmerischer Entscheidungsprozesse rückt ein weiterer New Leadership-Ansatz in den Blickpunkt des Interesses – die **geteilte Führung** (engl. *Shared Leadership*). Bei diesem Ansatz steht, wie auch beim Super-Leadership-Ansatz, nicht mehr der Vorgesetzte als Alleinentscheider im Fokus des Führungsprozesses. Vielmehr steht die Frage im Vordergrund, wie Führung in Organisationen aufgeteilt werden soll, um Motivation und Leistung zu optimieren. Führung ist demnach nicht eine Kette von Anweisungen, die vom Vorgesetzten an seine Mitarbeiter weitergegeben wird. Vielmehr sollen sich Führender und Geführter vor dem Hintergrund der Zielvorgabe als quasi Gleichberechtigte sehen. Der Vorgesetzte agiert eher als Beschleuniger, statt die Rolle des Entscheiders einzunehmen [vgl. Schirmer/Woydt 2016, S. 195 ff.; Lang/Rybnikova 2014, S. 151 ff.].

Neben der Kompetenz- und Führungserweiterung durch das Team ist ein Verständnis von geteilter Führung verbreitet, bei dem zwei Chefs die Führungsrolle in Teilzeit zusammen ausüben. Eine solche Variante der geteilten Führung bietet sich immer dann an, wenn Teilzeit im Unternehmen einen hohen, akzeptierten Stellenwert hat.

In der Praxis wird Shared Leadership unterschiedlich bewertet. Als positive Ergebnisse konnten oftmals mehr Vertrauen unter den Teammitgliedern, eine bessere Teamperformance und auch eine höhere Zufriedenheit der Beschäftigten festgestellt werden. „Fehlende Orientierung" oder „Machtmissbrauch" durch Teammitglieder sind dagegen als negative Effekte zu verbuchen. Um „Geteilte Führung" in einem Unternehmen zu etablieren, bedarf es eines gewissen Durchhaltevermögens, denn Teil einer erfolgreichen Einführung ist sowohl eine Einübungs- als auch eine Findungsphase aller Mitwirkenden. Als begünstigender Faktor für die Einführung kristallisierte sich nach Studienergebnissen ein hoher Frauenanteil, verbunden mit einem insgesamt geringen Altersdurchschnitt, heraus. Außerdem zählten eine hohe ethnische Diversität und ein großes gegenseitiges Vertrauen innerhalb der Gruppe. Dementgegen stehen auf der Seite der Führungskräfte Faktoren wie Kontroll- und Machtverlust, Furcht vor Anarchie, persönliche Unsicherheit und mangelnde Fähigkeiten im Umgang mit nichtdirektivem Führungsverhalten. Auf Seiten der Mitarbeiter können Furcht vor zu viel Macht und Verantwortung sowie Angst vor Statusverlust eine Herausforderung darstellen [vgl. Lang/Rybnikova 2014, S. 168 ff.].

(3) Verteilte Führung

In Abgrenzung zur geteilten Führung schließt das (etwas) weitergehende Konzept der **verteilten Führung** (engl. *Distributed Leadership*) über die Gruppe hinausgehende, aber in diese hineinwirkende strukturelle und z.T. auch kulturelle Führungsformen zusätzlich mit ein. Dabei spielen formale, pragmatische, strategische, regionale, aber auch kulturelle Verteilung von Führung dann eine Rolle, wenn die gemeinsamen Annahmen über eine natürliche Teilung der Führungsprozesse die Arbeitsgrundlage bilden [vgl. Lang/Rybnikova 2014, S. 168 ff.].

Grundsätzlich haben Shared und Distributed Leadership-Ansätze immer dann eine besondere Relevanz, wenn es um Teilung und Verteilung von **Führungsaufgaben**, um Aufteilung der **Führungsverantwortung**, um Teilung und Verteilung von **Machtressourcen** sowie um **gemeinsame, kollektive Einflussausübung** geht.

(4) Agile Führung

Eine praxisbezogene Ausprägung des Shared Leadership ist die **agile Führung**, die seit Jahren stark an Bedeutung gewinnt. Dabei wird agile Führung als Verhalten interpretiert, bei der die Mitarbeiter selbstbestimmt den Weg der Aufgabenbewältigung festlegen und somit in Entscheidungen eingebunden werden. Wichtig ist dabei, dass hierarchische Strukturen aufgebrochen werden. Mitarbeiter sollen ihre Kompetenzen selber erkennen, einschätzen und sich gegenseitig Feedback geben. Agiles Führen kann sogar bedeuten, dass Führungsfunktionen nach dem Motto „Mitarbeiter wählen ihren Chef" infolge eines basisdemokratischen Wahlprozesses temporär auf einzelne Mitarbeiter übertragen werden [vgl. Schirmer/Woydt 2016, S. 200].

Der Begriff **Agilität** unterscheidet folgende Ebenen:

- Agile Werte und Prinzipien, die im sogenannten *agilen Manifest* festgelegt sind,
- Agile Methoden (z.B. *Scrum, IT-Kanban, Design Thinking*) und
- Agile Praktiken, Techniken und Tools (*Product Owner, Product Backlog, Time Boxing*).

Die agile Führung ist in der Softwareentwicklung entstanden und dort inzwischen eher die Regel als die Ausnahme. Aber auch im IT-nahen Umfeld, wie beispielsweise der Einführung von ERP-Systemen und im Non-IT-Bereich, wie der Produktentwicklung, spielen agile Methoden und Prinzipien eine immer wichtigere Rolle. Agile Methoden stellen Werte und Prinzipien in den Vordergrund, wo bisher Methoden und Techniken im Fokus waren. Die Softwareentwicklungsmethodik **Scrum** kann dabei als eine Art Vorreiter der agilen Führung bezeichnet werden: Anstatt Projekte nach starren Plänen zu führen, gehen agile Projekte flexibler vor. Scrum kommt aus dem Rugby-Sport und bezeichnet eine „Gedränge-Formation", in der sich die beiden Teams nach einer kurzen Spielunterbrechung zur Weiterführung wieder zusammenfinden. Scrum setzt auf selbstorganisierende Teams ohne Projektleiter in der Softwareentwicklung. Die Teams teilen das Gesamtprojekt in kurze Intervalle (Sprints) auf. Am Ende der Intervalle stehen in sich abgeschlossene Teilergebnisse, die durch eigenverantwortliche und selbstorganisiert arbeitende Entwickler realisiert werden. Damit wird auf die bisher sehr umfangreichen, bürokratischen Planungs- und Vorbereitungsprozesse verzichtet, die letztlich zu einer Trennung von Planung und Ausführung führten [vgl. Schirmer/Woydt 2016, S. 199].

In agilen Organisationen „*formieren sich Mitarbeiter in Squads (interdisziplinäre Pro-
duktteams), Tribes (Zusammenschluss von Squads mit gemeinsamer Business Mission)
und Chapters (Wissens- und Erfahrungsschwerpunkte über die Squads hinweg) zu ständig neuen Teams. Die Führungsorganisation umfasst Product Owners (Prozessverant-
wortliche innerhalb eines Squads), Tribe Leads (Managementverantwortliche innerhalb
eines Tribes) und Chapter Leads (hierarchische Funktion mit ganzheitlicher Personal-
verantwortung innerhalb eines Chapters). Zusätzlich bieten agile Coaches individuelle
Begleitung von Einzelpersonen oder Moderation von Teams an*" [JOCHMANN 2019].

Agile Methoden treffen immer dann auf fruchtbaren Boden, wenn sich das Führungsverständnis zunächst der Projektmanager und dann der Führungskräfte mit wandelt. Der
Boden hierfür scheint aber gut aufbereitet, denn agile Methoden finden zunehmend Interesse bei Teamleitern wie im Top-Management und werden deutlich positiver bewertet als die des klassischen Projektmanagements. Allerdings zeigen Umfragen, dass erst
20 Prozent aller befragten Unternehmen (n = 902) agile Methoden durchgängig („nach
Lehrbuch") bei der Durchführung und Planung von Projekten einsetzen und nutzen
(siehe Abbildung 6-1).

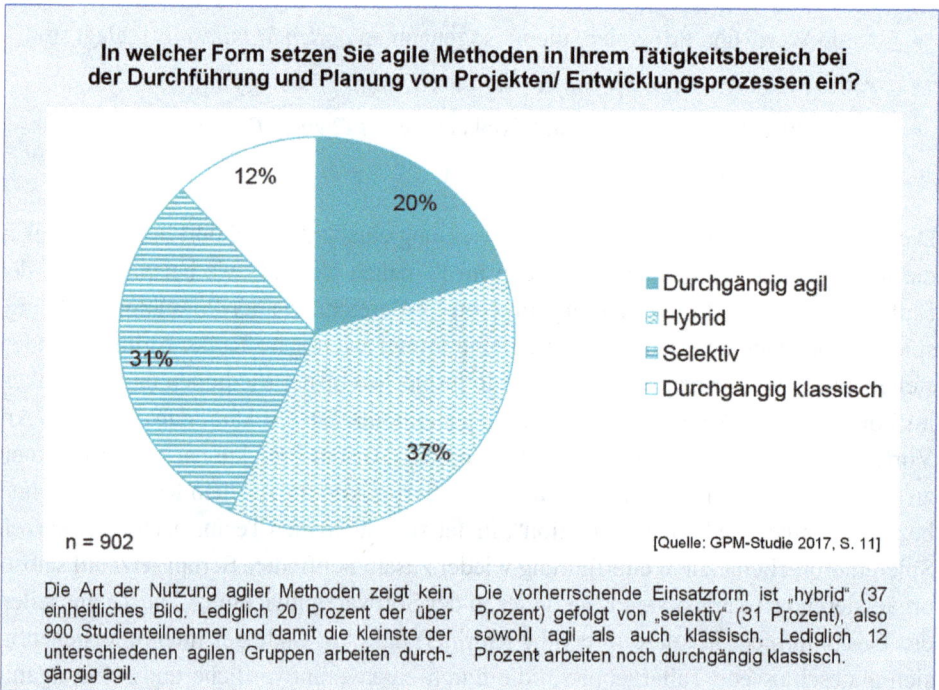

**In welcher Form setzen Sie agile Methoden in Ihrem Tätigkeitsbereich bei
der Durchführung und Planung von Projekten/ Entwicklungsprozessen ein?**

- ■ Durchgängig agil
- ⊠ Hybrid
- ▤ Selektiv
- ☐ Durchgängig klassisch

12%

20%

31%

37%

n = 902   [Quelle: GPM-Studie 2017, S. 11]

| Die Art der Nutzung agiler Methoden zeigt kein einheitliches Bild. Lediglich 20 Prozent der über 900 Studienteilnehmer und damit die kleinste der unterschiedenen agilen Gruppen arbeiten durchgängig agil. | Die vorherrschende Einsatzform ist „hybrid" (37 Prozent) gefolgt von „selektiv" (31 Prozent), also sowohl agil als auch klassisch. Lediglich 12 Prozent arbeiten noch durchgängig klassisch. |

Abb. 6-1:   Einsatzformen agiler Methoden

(5) Systemische Führung

Obwohl die transformationalen New-Leadership-Ansätze davon ausgehen, dass Entscheidungsprozesse weitgehend selbstorganisiert durch die Mitarbeiter geschehen, so sind sie jedoch noch so gestaltet, dass Führungskräfte steuernd eingreifen können. Bei der **Systemischen Führung** betrachtet man Unternehmen als Systeme, in denen Lenkungshandlungen dagegen zu einer Vielzahl von direkten und indirekten Führungsreaktionen führen, womit eine klassische, beeinflussende Führung „unmöglich" wird.

„Systeme sind Ganzheiten, die sich aus einzelnen Elementen zusammensetzen, die miteinander über Relationen verbunden sind und interagieren. Unternehmen stellen mit ihren Subsystemen und Elementen, d. h. Abteilungen und Mitarbeitern, komplexe Systeme dar. Komplexität beschreibt dabei die Fähigkeit eines Systems, eine große Zahl verschiedener Zustände einnehmen zu können bzw. mit einer großen Zahl unterschiedlich zusammengesetzter Reaktionen auf Impulse reagieren zu können." [Schirmer/Woydt 2016, S. 201].

Mit dieser Beschreibung werden Unternehmen von einfacheren Systemen wie zum Beispiel Maschinen, die auf gewisse Reize nur mit einer bestimmten Reaktion antworten können, abgegrenzt. Bei der systemischen Führung geht man davon aus, dass die **Komplexität** ein wichtiger Bestandteil wirksamer Führung ist. Dabei beschränkt sie sich nicht auf die Beziehungen zwischen Führungskräften und Mitarbeitern allein, sondern schließt die Beziehungen aller beteiligten Stakeholder des Systems ein. Die Führungskraft agiert dabei lediglich als Impulsgeber. Aufgrund der großen Komplexität und der vielen Einflüsse ist ein Steuern der Prozesse durch die Führungskraft so kaum noch möglich.

Der wichtigste Baustein der Systemischen Führung ist die **Kommunikation**. Hierbei gilt es vor allem, den Mitarbeitern durch eine gezielte Gesprächsführung neue Perspektiven darzustellen. Ziel dabei ist allerdings nicht, dass alle Mitarbeiter später eine einheitliche Sichtweise vertreten. Um zu diesem Punkt zu kommen, werden von Führungskräften Werkzeuge wie Skalen- oder Klassifikationsfragen genutzt. Skalenfragen werden dazu eingesetzt, um Wertigkeiten oder Bedeutungen einschätzen zu können. Eine mögliche Skalenfrage wäre hier: „Wie wichtig ist auf einer Skala von eins bis zehn die Zufriedenheit unserer Mitarbeiter?" Eine Klassifikationsfrage wird eingesetzt, um unterschiedliche Betrachtungsweisen erkennbar zu machen, so beispielsweise: „Welche unserer neuen Produkte werden den meisten wirtschaftlichen Erfolg bringen?"

Die Systemische Führung liefert keine einfachen Lösungen in Form von Handlungsanweisungen. Daher wird versucht, die wahrgenommene Realität der Mitarbeiter so zu beeinflussen, dass Lösungen selbstorganisiert gefunden werden können. Allerdings verwehrt die sehr spezifische Theoriefundierung vielen Praktikern einen Zugang zur Systemischen Führung [vgl. Schirmer/Woydt 2016, S. 203].

(6) Virtuelle Führung

Virtualität beschreibt Eigenschaften eines konkreten Objekts, die nicht physisch, aber durch den Einsatz von Zusatzspezifikationen (z.B. von neuen Kommunikationsmöglichkeiten) realisiert werden können. Bei **virtueller Führung** – also Führung mit neuen Medien – kann mit Hilfe dieser Zusatzeigenschaften trotz physischer Abwesenheit von Führungskräften geführt werden. Es geht hier also nicht um die „Führung der Möglichkeit nach", sondern um die Führung realer Mitarbeiter mit Hilfe von modernen Informations- und Kommunikationstechnologien bzw. sozialen Medien [vgl. im Folgenden Wald 2014, S. 356 ff.].

Das zentrale Problem virtueller Führung ergibt sich aus der **Distanz** bzw. den fehlenden persönlichen Kontakten zwischen Führenden und Geführten. Dabei ist die Entfernung nicht entscheidend für die Effektivität der Kommunikation, wohl aber für die Effektivität der Führung. Der fehlende persönliche Bezug und fehlende Informationen zum sozialen Kontext erschweren den Aufbau sozialer Beziehungen. Dies kann Passivität und Leistungszurückhaltung der Mitarbeiter hervorrufen. Andererseits werden der Umgang mit dieser Distanz, d.h. die erfolgreiche Kommunikation mit modernen Medien sowie der Aufbau und der Erhalt von Vertrauen, unter virtuellen Bedingungen unverzichtbar.

Letztlich sind es nach Peter M. Wald vier Perspektiven, aus denen man sich dem Phänomen der virtuellen Führung nähern kann:

- Virtuelle Führung als Führung aus der Distanz – Aus der Entfernung führen
- Virtuelle Führung als E-Leadership – Mit neuen Medien führen
- Virtuelle Führung als Führung mit neuen Beziehungen – Neue Führungsbeziehungen gestalten
- Virtuelle Führung als emergente (neu aufkommende) Führung – Entstehende Führung nutzen.

Führung kann unter virtuellen Bedingungen auf verschiedene Instanzen „verteilt" werden, d.h. die Teamführung, wenn also Teammitglieder gemeinsam Führung ausüben, kann unter virtuellen Bedingungen empfehlenswert sein, weil damit die Selbststeuerungsfähigkeit des Teams erhöht wird. Gemeinsam ausgeübte Führung beeinflusst die Leistung stärker als in konventionellen Teams. Fragen nach dem Verhältnis der Führungsformen (zentral/verteilt, transaktional/transformational), Wirkungen ihres Einflusses und die Umsetzung interaktionaler Führung unter virtuellen Bedingungen sind aber bislang noch unbeantwortet.

Die Empfehlungen zur Gestaltung virtueller Führung beinhalten neben Hinweisen für die Auswahl und Entwicklung von Führungskräften auch konkrete Vorschläge zur Umsetzung virtueller Führung mittels Kommunikation, Vertrauen, Beziehungen und Distanzführung.

6.2 Digitale Führungskompetenz

Unter den New Work-Führungsansätzen ist die digitale Führung (engl. *Digital Leadership*) sicherlich am bekanntesten. Doch zunächst eine Klarstellung: Es gibt keine „digitale Führung" (und sollte es auch nie geben). Gemeint ist vielmehr eine „digitale Führungskompetenz".

Kompetenz zielt darauf ab, ob eine Person die Fähigkeit besitzt, selbstorganisiert zu handeln. Kompetenzen bilden den Kern dessen, was man als einen fähigen Mitarbeiter bezeichnet. Kompetenzen sind der zentrale Faktor für die Leistungsfähigkeit des Individuums und damit auch für die Leistungsfähigkeit des Teams, der Abteilung und des Unternehmens als Ganzes. Im Mittelpunkt steht demnach die tatsächliche Handlungsfähigkeit der betreffenden Person. **Kompetenzen** gehen damit deutlich über **Qualifikationen** hinaus. Während eine Qualifikation bestätigt, dass ein formal definiertes und – zumindest in der Theorie – objektives Lernziel (z.B. der Bachelorabschluss in Business Administration) erreicht wurde, bezieht sich eine Aussage über die Kompetenz einer Person darauf, welche Fähigkeiten eine Person tatsächlich besitzt [vgl. Ciesielski/Schutz 2016, S. 105 f.].

Kompetenzen umfassen die Gesamtheit der Erfahrungen, Handlungsantriebe, Werte und Ideale einer Person oder einer Community. In der Kompetenzforschung haben sich nach Erpenbeck/Heyse [2007] **vier Schlüsselkompetenzgruppen** herausgebildet (siehe Abbildung 6-2):

- **Personale Kompetenzen** (z.B. Loyalität, Glaubwürdigkeit, Eigenverantwortung)
- **Aktivitäts- und Handlungskompetenzen** (z.B. Tatkraft, Entscheidungsfähigkeit, Initiative)
- **Fach- und Methodenkompetenzen** (z.B. Fachwissen, Planungsverhalten, Marktkenntnisse)
- **Sozial-kommunikative Kompetenzen** (z.B. Kommunikations-, Integrations-, Teamfähigkeit).

Explizit *nicht* enthalten in den Schlüsselkompetenzgruppen ist die **Führungskompetenz**. Sie ist vielmehr eine **Querschnittskompetenz**. Führungskompetenz wird am häufigsten mit folgenden Schlüsselkompetenzen in Verbindung gebracht:

- Kommunikationsfähigkeit
- Entscheidungsfähigkeit
- Teamfähigkeit.

Interessanterweise liegt bislang das Augenmerk bei den Führungstrainings allerdings auf den Methoden und Fachkompetenzen.

Der Kompetenz-Atlas von ERPENBECK/HEYSE

P Personale Kompetenz				A Aktivitäts- und Handlungskompetenz			
Loyalität	Normativ-ethische Einstellung	Einsatz-bereitschaft	Selbst-Management	Entscheidungs-fähigkeit	Gestaltungs-wille	Tatkraft	Mobilität
P		**P/A**		**A/P**		**A**	
Glaub-würdigkeit	Eigen-verantwortung	Schöpferische Fähigkeit	Offenheit für Veränderungen	Innovations-freudigkeit	Belastbarkeit	Ausführungs-bereitschaft	Initiative
Humor	Hilfs-bereitschaft	Lern-bereitschaft	Ganzheitliches Denken	Optimismus	Soziales Engagement	Ergebnis-orientiertes Handeln	Ziel-orientiertes Führen
P/S		**P/F**		**A/S**		**A/F**	
Mitarbeiter-förderung	Delegieren	Disziplin	Zuverlässigkeit	Impuls-geben	Schlag-fertigkeit	Beharrlichkeit	Konsequenz
Konflikt-lösungs-fähigkeit	Integrations-fähigkeit	Akquisitions-stärke	Problem-lösungs-fähigkeit	Wissens-orientierung	Analytische Fähigkeiten	Konzeptions-stärke	Organisations-fähigkeit
S/P		**S/A**		**F/P**		**F/A**	
Team-fähigkeit	Dialogfähigkeit Kunden-orientierung	Experimentier-freude	Beratungs-fähigkeit	Sachlichkeit	Beurteilungs-vermögen	Fleiß	Systematisch-methodisches Vorgehen
Kommunikations-fähigkeit	Kooperations-fähigkeit	Sprach-gewandtheit	Verständnis-bereitschaft	Projekt-management	Folge-bewußtsein	Fachwissen	Markt-kenntnisse
S		**S/F**		**F/S**		**F**	
Beziehungs-management	Anpassungs-fähigkeit	Pflicht-gefühl	Gewissen-haftigkeit	Lehr-fähigkeit	Fachliche Anerkennung	Planungs-verhalten	Fach-übergreifende Kenntnisse
S Sozial-kommunikative Kompetenz				**F Fach- und Methodenkompetenz**			

© Prof. Dr. JOHN ERPENBECK, Prof. Dr. VOLKER HEYSE

Seit den 1990er Jahren entwickeln John Erpenbeck und Volker Heyse die Kompetenzmessinstrumente KODE® und auch KODE®X. Grundlage ihrer Messinstrumente ist ihr sogenannter Kompetenz-Atlas, in dem sie 64 Schlüsselkompetenzen strukturiert aufführen. Mit ihrem Modell und ihren Messinstrumenten kann jeder seine eigenen Kompetenzen analysieren, Defizite erkennen und gezielt daran arbeiten, diese zu beheben. Dafür haben die Wissenschaftler spezifische Trainingsprogramme entwickelt.

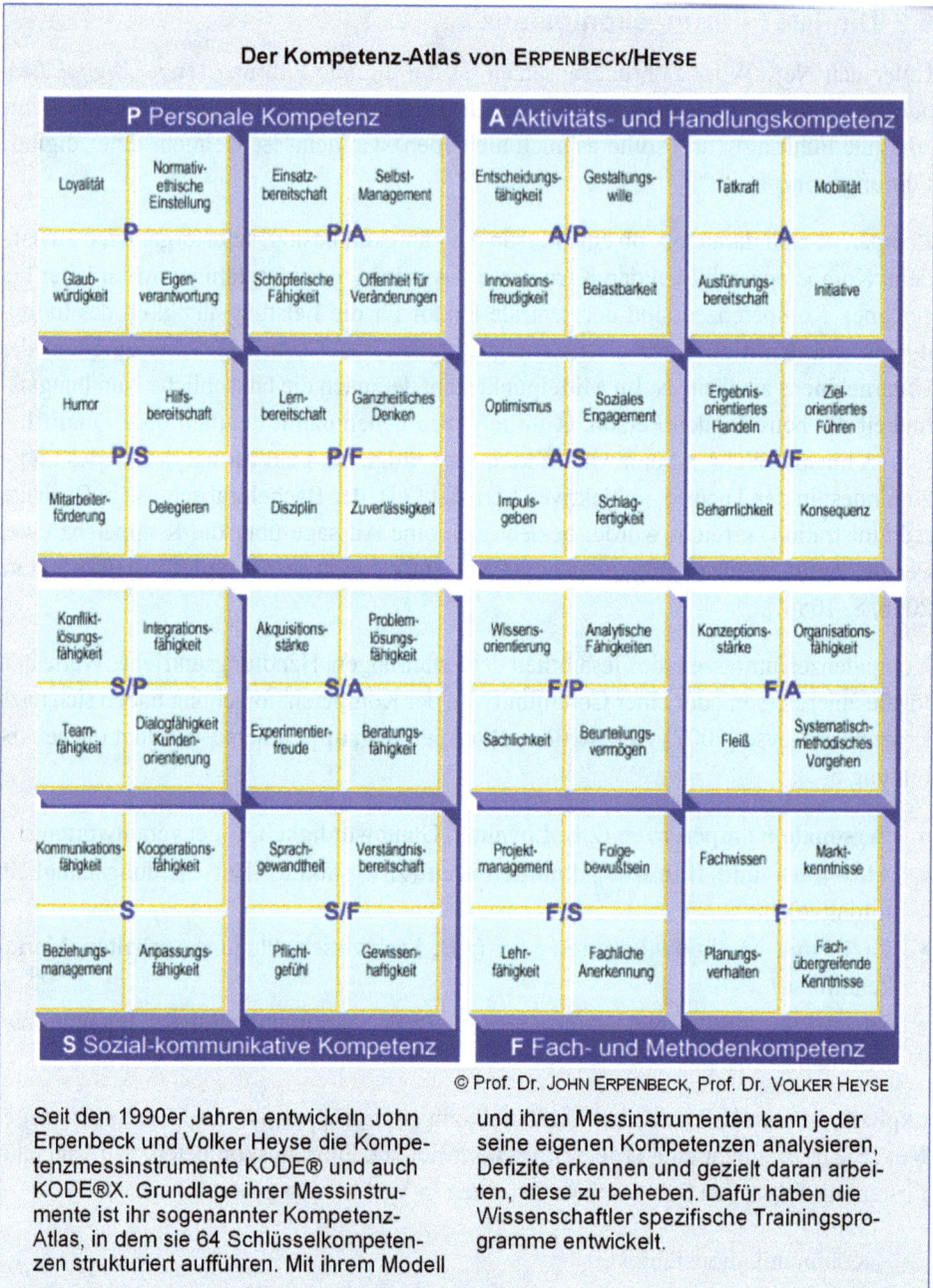

Abb. 6-2:   Der Kompetenz-Atlas nach Erpenbeck/Heyse

Geht man jetzt von der (herkömmlichen) Führungskompetenz zur **digitalen Führungskompetenz** über, so kommen ganz offensichtlich zwei Kompetenzen hinzu, die in der Kompetenzarchitektur so nicht zu finden und daher ebenfalls als Querschnittskompetenzen zu bezeichnen sind: die Medienkompetenz und die interkulturelle Kompetenz.

Medienkompetenz wird zwar nicht unbedingt von einer Führungskraft erwartet, der sichere Umgang mit sozialen Medien wird aber immer wieder als entscheidender Mangel aktueller Führungskräfte angesehen. Als solch ein Mangel gilt auch die **interkulturelle Kompetenz**, denn in der Praxis nehmen Führungskräfte meist nur dann an interkulturellen Trainings teil, wenn sie eine längere Zeit im Ausland verbringen werden. Auf der Grundlage dieser beiden (zusätzlichen) Kompetenzen müssen für die konkreten Führungsaufgaben verschiedene Teil- und Schlüsselkompetenzen ermittelt, definiert und gewichtet werden [vgl. Ciesielski/Schutz 2016, S. 122].

Digitale Führungskompetenz betrifft nicht nur jedes Unternehmen, sondern jede Organisation schlechthin – so auch Schulen und Hochschulen. Das veränderte Lernen und Arbeiten der digital geprägten Generationen Y und Z haben die Lern- und Arbeitsprozesse in Schulen und Hochschulen voll erfasst. Allerdings hat sich die Lehre vor allem in der Hochschule bislang wenig bis gar nicht darauf eingestellt. Von vereinzelten Leuchtturmprojekten und Einzelinitiativen einmal abgesehen gehen die Hochschulen vielfach immer noch von einer weitgehend homogenen Studierendenlandschaft aus. Da die Hochschulen auf die **Bologna-Reform** gar nicht oder nur sehr schlecht vorbereitet waren, kamen auf die Lehrstuhlinhaber ein höherer Arbeitsaufwand und verschulte Studiengänge zu. Für die Lehrenden bedeutet die Bachelor-Master-Struktur vor allem Bürokratie und Prüflingsbetreuung statt der Heterogenität der Studierenden Rechnung tragen zu können. Hauptleidtragende zwischen starren Modulplänen, ausufernden Prüfungsleistungen, gefrusteten Professoren und unrealistischen Workload-Annahmen sind die Bachelor-Studierenden, deren Mehrzahl zwischenzeitlich einen Master „draufsattelt", um beschäftigungsfähig (engl. *employable*) zu werden. Sie sollen Persönlichkeiten statt nur Absolventen sein. Besonders hinderlich sind die sich anhaltend verschlechternde Betreuungsrelation von Studierenden zu Professoren und die geringe Verzahnung von Theorie und Praxis. Die Studierenden der Generationen Y und Z schwappen dann in die Unternehmen, die meist noch die traditionellen Absolventenmuster erwarten. Treffen sie hier nicht auf analog wie digital kompetente Führungskräfte, werden sie schnell weiterziehen [vgl. Ciesielski/Schutz 2016, S. 115].

Und noch ein Umstand, der die Beschäftigung mit und die Investition in digitale Führungskompetenz so notwendig macht: Betrachtet man die Kompetenzmodelle führender deutscher Unternehmen, die im Internet oder entsprechenden Broschüren einsehbar sind, so ist auffällig, dass ein Einfluss der Digitalisierung auf die Kompetenzen bzw. auf die Personen, die die Kompetenzen entwickeln sollen, überhaupt nicht erwähnt wird [vgl. Erpenbeck et al. 2013, S. 67].

6.3 Wie neue Führungskonzepte in die Praxis umgesetzt werden

Alle genannten New Work-Führungskonzepte haben zwar ihren Ursprung in neuen Anforderungen (Umgang mit räumlicher Distanz, mit neuen Medien, mit flachen Hierarchien, mit unterschiedlichen Wertvorstellungen verschiedener Generationen etc.), letztendlich sind es aber sehr ähnliche und teilweise überschneidende Ausprägungen eines
grundsätzlich neuen Führungsverständnisses, das sich wie folgt skizzieren lässt:

- **Gemeinsames Verständnis** von Zielen und Aufgaben als sich entwickelnde Basis
  der Kommunikation
- **Gemeinsame Verantwortlichkeit der Gruppe** für den Prozess und die Entwick-
  lung der eigenen Kooperationsfähigkeiten
- **Gemeinsame, selbstorganisierte Führung**, sowohl auf Projekt- als auch auf Ab-
  teilungsebene
- Jahresendprozesse **ohne Kalibrierung** der Mitarbeiter
- Hohes Maß an gegenseitigem **Vertrauen**
- Hinterfragen der **Sinnhaftigkeit** von Aufgaben und Akzeptanz einer **positiven Feh-
  lerkultur**.

Abbildung 6-3 liefert einen groben Vergleich klassischer und neuer Führungskonzepte.

	Klassische Ansätze	Neuere Ansätze
Einflussausübung	Einseitig	Wechselseitig
Führungshandeln	Führungsstil	Strategien, Taktiken
Machtbeziehung	Herrschaft der Führer	Anteil der Geführten, Machtbalancen
Instrument der Zielerreichung	Erfolg abhängig von Führungsstil	Viele Faktoren, vernetzt, zirkulär, viele Alternativen
Merkmal der Persönlichkeit	Eigenschaften der Führungskraft	Zuschreibung durch Geführte
Gruppenphänomen	Formelle Führung, Statik	Informelle, emergente Prozesse, Dynamik
Führungsansätze	Eigenschaftsansatz, Verhaltensansatz, Situativer Ansatz	New Leadership-Ansätze, Systemische Ansätze, Virtuelle Ansätze

[Quelle: modifiziert nach LANG/RYBNIKOVA 2014, S. 24]

Abb. 6-3:   Vergleich klassischer und neuerer Führungskonzepte

In den neuen Führungskonzepten wird die Führungsrolle also ziemlich anders gesehen
als in den klassischen Führungstheorien. Wesentliche Elemente der **Führung** übernehmen selbstorganisierte Teams. Damit liegt einer Organisation, in der praktisch jeder
Führung übernehmen kann, eine ganz andere Führungshaltung zugrunde: Mitarbeitern

wird grundsätzlich vertraut. Solche Organisationsmodelle entsprechen in ihrer ausgeprägten Form dem **transformationalen und kooperativen Führungsstil**.

Wirft man einen Blick auf die gegenwärtige Führungspraxis in deutschen Unternehmen,
so lässt sich das Aufeinanderprallen von klassischen und neuen Führungskonzepten am
besten an den beiden Polen unserer Unternehmenslandschaft illustrieren: Start-ups und
Großunternehmen [siehe Lippold 2017, S. 370 ff.].

Ziel der Neuformierung in Richtung digitaler Führung muss es sein, die Führungskompetenz dahingehend zu entwickeln, dass mit Begeisterung und Offenheit geführt wird.

Begeisterung deshalb, weil selbst begeistert sein und andere begeistern können, zwei
der wichtigsten elementaren Führungseigenschaften sind. Begeisterung vor allem auch
deshalb, weil die Generation Z (Geburtsjahrgänge ab 1995) in der Führung durch Begeisterung einen ganz wichtigen Schlüssel für oder gegen ein Unternehmen als Arbeitgeber sieht.

Offenheit deshalb, weil in einer sich ständig ändernden Umwelt eine permanente Lern-
und Veränderungsoffenheit essentiell ist. Offenheit aber auch deshalb, weil organisationale Offenheit und damit **Vertrauen** die Währung im digitalen Zeitalter und in der
digitalen Führungskultur ist.

So beginnen die ersten international ausgerichteten Dienstleistungsunternehmen damit,
ihre Personalentwicklung komplett umzustellen und auf sämtliche Rankings ihrer Mitarbeiter künftig zu verzichten. Der Grund: Die jährlichen Gespräche seien mit viel Aufwand, aber wenig Ertrag verbunden. In einem Interview mit der Washington Post er-
klärte Pierre Nanterme, CEO des IT-Dienstleisters Accenture:

„Manager müssen die richtige Person für die richtige Stelle auswählen und sie mit
ausreichend Freiraum ausstatten. Die Kunst guter Führung besteht nicht darin, Ange-
stellte ständig miteinander zu vergleichen" [ZEIT-Online am 27.08.2015: So geht gute
Führung].

Das bedeutet in der Konsequenz, dass die vielen Year-End-Reviews, die in aller Regel
mit einer **Kalibrierung der Mitarbeiter** (also einem Vergleich bzw. Ranking der Kollegen einer Grade-Stufe) verbunden sind, obsolet werden. Das führt zu einer Entschla-
ckung von liebgewonnenen, organisationsweiten Prozessen, die aus einem Vollständig-
keits- und Kontrollwahn einst installiert wurden, aber einer Vertrauens- und Führungskultur diametral entgegenstehen. Das kommt einem **Paradigmenwechsel in der Personalentwicklung** gleich. Die digitale Transformation ist also ein Leadership- **und** ein
Kultur-Thema. Jede Arbeitskultur braucht ihren eigenen Zugang zu den jeweils passenden Kommunikationstechnologien. Jede Kultur tickt anders, verarbeitet ihre Informa-
tions- und Kommunikationsflüsse unterschiedlich. Hier besteht zum Teil ein erheblicher

Handlungsbedarf, denn Kultur wird nicht verordnet, sondern muss (vor-)gelebt werden. [vgl. Ciesielski/Schutz 2015, S. XII].

Und damit sind wir bei der zweiten entscheidenden Maßnahme: Das derzeitige Konstrukt des Talentmanagements, mit dem heute immer noch standardisierte Führungsklone als künftige Vorgesetzte produziert werden sollen, muss abgeschafft werden. Führungskräfte müssen vom traditionellen Talentmanagement weg und hin zu einem zeitgemäßen **Talent Empowerment** gehen. Empowerment ist entscheidend, um Talente mit den richtigen Fähigkeiten anzuziehen, zu fördern, zu engagieren und so die digitale Transformation voranzutreiben! Denn im Kern geht es bei der digitalen Führung um Beziehungsarbeit, d.h. um wertebasierte Beziehungen, die aufgebaut, gepflegt und gegebenenfalls auch professionell beendet werden müssen. Und das bedeutet in letzter Konsequenz, dass individuelle (und keine standardisierte) Talententfaltungsformate erarbeitet werden müssen [vgl. hierzu und im Folgenden Lippold 2020a].

Durch die **Ermächtigung der Mitarbeiter** (engl. *Empowerment*) werden Potenziale gehoben, die in nicht-agilen Organisationen zumeist verloren wären. Das Empowerment ist quasi die Messlatte für New Work. Digitale Talente verfügen über eine Kombination aus spezifischen Soft- und Hard-Skills, die für eine erfolgreiche Umsetzung der digitalen Transformation entscheidend ist. Deshalb sind zumindest in klar abgegrenzten Bereichen die agile Organisation und das agile Lernen den klassischen Organisations- und Denkmustern deutlich überlegen. Der wahrscheinlich wichtigste Schritt hierbei ist, die Lernenden mit ihren individuellen Bedarfen, Vorkenntnissen, Stärken und Ressourcen vorbehaltlos in den Mittelpunkt zu stellen.

Hinzu kommt, dass die Verantwortung in Unternehmen immer seltener bei Einzelpersonen mit zentraler Direktivgewalt liegt. Verantwortung wird zunehmend mehr kollektiv in eingesetzten Teams wahrgenommen, in denen Führungskräfte eher eine moderierende Funktion innehaben. Es geht um gemeinsame, selbstorganisierte Führung. Menschen mit Führungsverantwortung dürfen auch Lernende sein und müssen nicht alles beherrschen. Die Führungskraft im agilen Umfeld setzt sich für eine gemeinsame Vision ein, die so klar formuliert ist, dass der Einzelne seine individuellen Ziele dazu in Bezug setzen kann. Nur mit Kontrollen bekommt man die Komplexität der Arbeitswelt nicht mehr in den Griff. Im New-Work-Prozess müssten Führungskräfte eine neue Rolle lernen und annehmen. Sie müssen Macht weiterreichen, loslassen, stimulieren und einfach auf die Selbstverantwortung der Mitarbeiter vertrauen.

Allerdings, und das ist eine zentrale Erkenntnis einer SRH-Studie: *"Empowerment ist ansteckend. Positiv, aber auch negativ: Wenn Führungskräfte aus einer höheren Hierarchieebene wenig Bedeutsamkeit, Kompetenz, Einfluss und Selbstbestimmung erleben, weil sie durch Bürokratie oder andere Umstände gegängelt werden, geben sie das an Abteilungs- und Teamleiter weiter – bis runter zu den Praktikanten,"* so Studienleiter

Carsten Schermuly [https://newmanagement.haufe.de/organisation/new-work-ist-messbar].

Die Auswahl der potenziellen Führungsnachwuchskräfte sollte sich daher an folgenden drei Kriterien orientieren:

– **Vielfalt statt Konformität:** Gefragt sind keine „abgerundeten" Persönlichkeiten, die keine Schwächen (aber eben auch keine Stärken) haben. Es geht um Kandidaten mit Ecken und Kanten, die eine ausgeprägte Stärke für Führungsaufgaben haben und an deren Ecken und Kanten auch einmal wirksame Vorschläge hängen bleiben.

– **Performance statt Potenzial:** Potenziale sind zunächst immer nur vage Hoffnungen auf Leistungen, die der Aspirant später einmal erbringen könnte – oder auch nicht. Es geht um solche Führungsnachwuchskräfte, die Leistungen gezeigt haben und Ergebnisse gezeigt haben. Das sind zumeist solche Kandidaten, die in Ihrem Lebenslauf Ergebnisse und nicht Positionen angegeben haben.

– **Einstellungen statt Fachwissen:** Fachliche Fähigkeiten sind Voraussetzungen. Wichtiger als Fachkenntnisse sind für eine potenzielle Führungskraft dessen Sensibilitäten, Werte, Verhaltensmuster, Prägungen und die innere Einstellung zur Selbstverantwortung. Hierdurch entscheidet sich, ob die Führungskraft einen substanziellen Beitrag zur Weiterentwicklung des Unternehmens liefern wird oder nicht.

Viele Unternehmen beobachten, dass der Mangel an digitalen Talenten zu einem Verlust von Wettbewerbsvorteilen führt. Den Unternehmen ist zu raten, ihre traditionellen Leadership Praktiken in ein zeitgemäßes Talent Empowerment umzuwandeln. Dabei stehen individuelle Personalentwicklungsangebote mit entsprechenden Beziehungstrainings im Vordergrund – Trainings, bei denen das agile Lernen der zentrale Baustein einer neuen Führungskultur ist. Trainings, die besser auf die Bedürfnisse der heutigen digitalen Talente zugeschnitten sind als die traditionellen Management Praktiken.

6.4 Die hybride Führungskraft als Erfolgsfaktor

Um in dem neuen, digital geprägten Umfeld zu bestehen, ist also ganz offensichtlich die **hybride Führungskraft** ein möglicher Schlüssel zum Führungserfolg. Das heißt, für die Führungskraft ist es wichtig, sowohl in der virtuellen als auch in der analogen Welt als ein menschliches Wesen wahrgenommen zu werden, um mit den Mitarbeitern deren Werte teilen zu können. Am Ende sind es die Menschen mit Persönlichkeit, die Präsenz zeigen und eine Identität sichtbar machen, die offline und online zur Kenntnis genommen werden kann. Auf die aktive Gestaltung solcher Identitäten sollte Führung in der digitalen Welt viel Wert legen [vgl. im Folgenden Ciesielski/Schutz 2015, S. 140 ff. und Hildebrandt et al. (2013), S. 163 ff.].

Hildebrandt et al. unterscheiden im Kontext hybrider Arbeitsräume drei **Präsenzarten**:

- Soziale Präsenz (engl. *Social Presence*)
- Kognitive Präsenz (engl. *Cognitive Presence*)
- Führungspräsenz (engl. *Leadership Presence*).

Soziale Präsenz ist die Wahrnehmung, die andere von einem als Person in einem virtuellen Umfeld haben. In virtueller Interaktion kann soziale Präsenz im Wesentlichen durch folgende Reaktionen gezeigt werden:

- Affektive Reaktionen (wie Emotionen, Humor, Selbstoffenbarungen)
- Bindende Reaktionen (Ausrufe und Grüße, die Gruppe mit „wir" und „unser" ansprechen)
- Bezugnehmende Reaktionen (Nutzung von „Bearbeitungsfunktionen", direktes Zitieren, Bezugnehmen auf die Inhalte anderer Nachrichten).

Kognititve Präsenz ist das menschliche Vermögen, Bedeutungen und Wissen aus einem Prozess der Reflexion und Kommunikation in einem virtuellen Rahmen zu ziehen. Wenn Einsichten aus Diskussionen und Konflikten gewonnen werden, wenn Synthesen vorgeschlagen und Informationen ausgetauscht werden oder wenn Probleme angesprochen oder Lösungsvorschläge gemacht werden, so sind dies Indikatoren für kognitive Präsenz.

Führungspräsenz schließlich bindet soziale und kognitive Präsenz zusammen, sorgt proaktiv dafür, dass die technischen und kulturellen Rahmenbedingungen vorhanden sind, in denen die Gruppe interagieren kann. Es werden Beziehungen und Aufgaben betrachtet und stets als Rollenvorbild agiert. In den meisten Fällen geht es um Formen der Moderation und des Coachings. Eine digitale Führung sollte stets virtuelle Verfügbarkeiten haben. So sollte die Führungskraft einmal die Woche z. B. via WebEx online zur Verfügung stehen oder die Präsenz durch das Schreiben eines Blogs erhöhen.

Soziale, kognitive und Führungskompetenz sind auch das Ergebnis der **Medienkompetenz** der jeweiligen Führungskraft. Medienkompetenz als Teil der digitalen Führungskompetenz ist dabei als eine Querschnittskompetenz zu betrachten, die das Entwickeln verschiedener Kompetenzbereiche notwendig macht – ähnlich der digitalen Führungskompetenz. Dabei geht es u. a. darum, den richtigen Medienmix für die optimale Zusammenarbeit zu finden. Medienkompetenz macht vor allem auch Generationsunterschiede deutlich, denn bei dieser Kompetenzart geht es nicht allein um die Frage, welche

Medien eingesetzt werden, um zu kommunizieren, sondern es muss auch berücksichtigt werden, mit welchem Kompetenzniveau die jeweilige Gruppe an die Anwendung der Technologien herangeht. Wird die gesamte Bandbreite der Medienkanäle nicht ausprobiert, kann es durchaus vorkommen, dass nicht alle Gruppenmitglieder ihre Probleme und Herausforderungen rechtzeitig und stark genug kommunizieren können.

Welche Herausforderungen die digitale Arbeitswelt an Führung und Organisation stellt, haben Wissenschaftler der Universität St. Gallen und ein Shareground-Team im Auftrag der Telekom untersucht. Sie haben 60 Experteninterviews (davon 31 als ausführliche Leitfaden-gestützte Interviews) geführt und daraus die nachstehende, zukünftige Arbeitsumgebung mit den entsprechenden Anforderungen an die Führung in einer digitalen Arbeitswelt abgeleitet [Shareground/St. Gallen 2015]:

- Der Arbeitsort von Menschen in flexiblen Arbeitsverhältnissen breitet sich auf den öffentlichen Raum aus. Physische Büros sind temporäre Ankerpunkte für menschliche Interaktion, die vor allem den Netzwerken dienen. Gearbeitet wird überall – nur nicht am eigenen Schreibtisch.

- Gerade bei standardisierten Tätigkeiten sehnen sich Mitarbeiter nach Ablenkung und Belohnung. Gamification und intuitive Bedienbarkeit von IT-Oberflächen werden immer wichtiger und nähern die Arbeitsumgebung einem virtuellen Spielfeld an. Arbeitgeber sind gefordert, spielerische Designprinzipien in standardisierte IT-Anwendungen zu integrieren.

- Die Bindung zwischen Arbeitnehmer und Arbeitgeber löst sich. Flexible Arbeits- und Kooperationsformen führen dazu, dass Arbeitnehmer ständig mit einem Bein im Arbeitsmarkt stehen. Systematische Personalentwicklung wird so erschwert. Gleichzeitig steigen Erwartungen und Ansprüche der Mitarbeiter an unmittelbar nutzbare Qualifizierungen.

- Der Abschied von der räumlich verorteten Arbeit geht mit einem Wandel von der Präsenz- zur Ergebniskultur einher. Führungskräfte müssen lernen, dass sie mehr motivieren als kontrollieren werden. Die Kunst besteht darin, persönliche Bindung auch über unpersönliche technische Kanäle aufzubauen und zu erhalten.

- Ein zunehmendes Innovationstempo erzwingt die ständige Neubesetzung zukunftsträchtiger Geschäftsfelder und die Transformation der bestehenden Geschäftsmodelle (explore). Gleichzeitig muss das in der Gegenwart noch profitable Kerngeschäft so effizient wie möglich verfolgt werden (exploit). Management wird so „beidhändig" und agiert in Gegenwart wie Zukunft gleichermaßen.

- Digitale Arbeitskräfte sind in Form individueller Datenpakete quantifiziert – ihre Kompetenzen, Erfahrungen, Kapazitäten. Das erleichtert die passgenaue Vergabe von Aufträgen. Störfaktoren im Datenprofil können so ein Matching aber auch verhindern. Personalauswahl wird weniger intuitiv, aber auch weniger an kultureller Passung orientiert.

– Sensoren prägen das „Büro" der digitalen Arbeit. Eigenschaften der Umgebung, der Prozesse, der Arbeitsergebnisse und der Arbeitenden werden laufend aufgezeichnet, um sowohl dem Arbeitgeber, als auch dem Arbeitnehmer Informationen über Qualität und Verbesserungspotenziale der Arbeit zu liefern. Praktischer Nutzen muss gegen ethische Erwägungen abgewogen werden.

Aus diesem Szenario lassen sich folgende Schlussfolgerungen für das Personalmanagement heute und morgen ziehen (Abbildung 6-4):

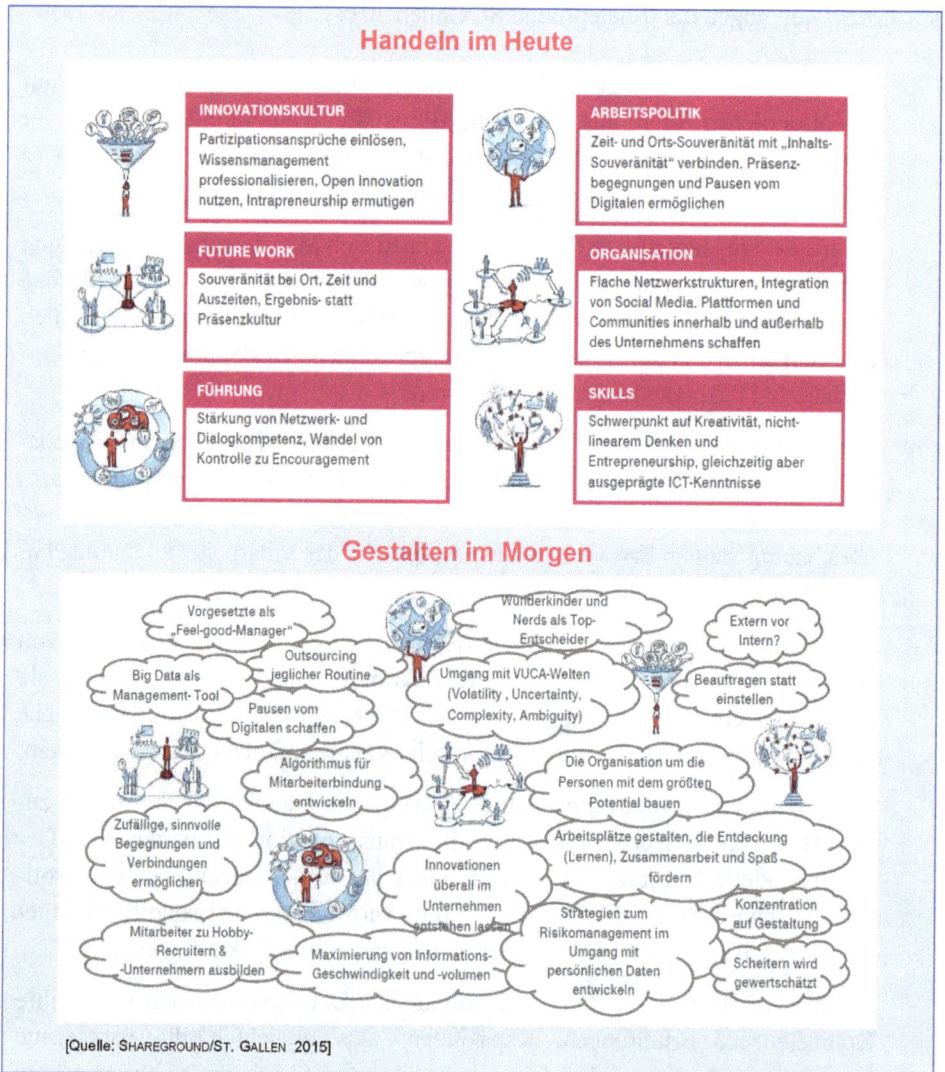

Handeln im Heute

INNOVATIONSKULTUR
Partizipationsansprüche einlösen, Wissensmanagement professionalisieren, Open Innovation nutzen, Intrapreneurship ermutigen

ARBEITSPOLITIK
Zeit- und Orts-Souveränität mit „Inhalts-Souveränität" verbinden. Präsenz-begegnungen und Pausen vom Digitalen ermöglichen

FUTURE WORK
Souveränität bei Ort, Zeit und Auszeiten, Ergebnis- statt Präsenzkultur

ORGANISATION
Flache Netzwerkstrukturen, Integration von Social Media. Plattformen und Communities innerhalb und außerhalb des Unternehmens schaffen

FÜHRUNG
Stärkung von Netzwerk- und Dialogkompetenz, Wandel von Kontrolle zu Encouragement

SKILLS
Schwerpunkt auf Kreativität, nicht-linearem Denken und Entrepreneurship, gleichzeitig aber ausgeprägte ICT-Kenntnisse

Gestalten im Morgen

Vorgesetzte als „Feel-good-Manager"

Wunderkinder und Nerds als Top-Entscheider

Extern vor Intern?

Big Data als Management- Tool

Outsourcing jeglicher Routine

Umgang mit VUCA-Welten (Volatility , Uncertainty, Complexity, Ambiguity)

Beauftragen statt einstellen

Pausen vom Digitalen schaffen

Algorithmus für Mitarbeiterbindung entwickeln

Die Organisation um die Personen mit dem größten Potential bauen

Zufällige, sinnvolle Begegnungen und Verbindungen ermöglichen

Arbeitsplätze gestalten, die Entdeckung (Lernen), Zusammenarbeit und Spaß fördern

Innovationen überall im Unternehmen entstehen lassen

Konzentration auf Gestaltung

Mitarbeiter zu Hobby-Recruitern & -Unternehmern ausbilden

Maximierung von Informations-Geschwindigkeit und -volumen

Strategien zum Risikomanagement im Umgang mit persönlichen Daten entwickeln

Scheitern wird gewertschätzt

[Quelle: SHAREGROUND/ST. GALLEN 2015]

Abb. 6-4:   Folgerungen für das Personalmanagement heute und morgen

6.5 Wie weit sich Führung demokratisieren lässt

Allen neuen Führungsansätzen ist eines gemeinsam: Sie weisen einen deutlich höheren **Demokratisierungsgrad** auf als die klassischen Führungskonzepte [vgl. im Folgenden Lippold 2018].

Es ist zwar richtig, dass Führungskräfte, die auf persönliche Macht, Einfluss, Status und Prestige fixiert sind, in jeder Organisation überflüssig sind. Unter solch einer schlechten Führung haben alle Mitarbeiter zu leiden und hier trifft sicherlich die Erkenntnis zu, dass ein Mitarbeiter, der kündigt, nicht das Unternehmen, sondern den Chef verlässt.

Die Frage aber ist, ob man deshalb die Führung total „demokratisieren" sollte? Und überhaupt: Wieviel Demokratie verträgt Führung eigentlich?

Wollen wir wirklich nicht mehr von den Vorteilen guter Führung profitieren? Wollen wir auf motivierende Zielsetzungen, positiv wirkendes Feedback, Wertschätzung der Arbeit, individuelle Forderung und Förderung und ein offenes Ohr für die Sorgen der Mitarbeiter verzichten? Wären Fußballmannschaften ohne Trainer wie Pep Guardiola, Jürgen Klopp oder Jupp Heynckes genauso erfolgreich, wenn sie sich selbstorganisieren würden? Wer in einer Organisation arbeitet, in der Führung durch Vorgesetzte positiv wirkt, käme wohl kaum auf die Idee, die Führungskräfte abzuschaffen [vgl. Scherer 2018].

Bei aller Euphorie über die neuen, progressiven Zusammenarbeitsmodelle sollte die Passung von Führungsstil und Organisationsform immer wieder auf den Prüfstand gestellt werden. Denn es gibt einen Punkt, an dem der optimale Grad der Mitbestimmung für die jeweilige Organisation erreicht ist. Abbildung 6-5 zeigt sehr anschaulich, dass Demokratisierung keine lineare Funktion ist, die automatisch zu mehr Erfolg führt. Maximale Demokratisierung ist also suboptimal.

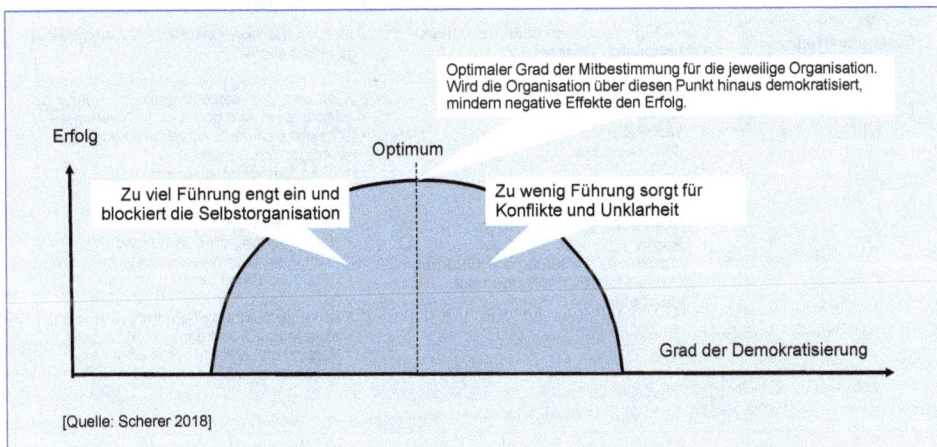

Abb. 6-5: *Optimaler Grad der organisationalen Mitbestimmung*

Wird die Organisation über diesen Punkt hinaus „demokratisiert", kann der Schuss nach hinten losgehen, denn

- nicht jeder Mitarbeiter möchte Zunahme an Verantwortung und den Leistungsdruck einer Führungsposition übernehmen,
- nicht jeder Mitarbeiter möchte an Entscheidungen beteiligt werden,
- nicht jedes Unternehmen verfügt über eine homogene Mitarbeiterschaft, die bspw. alle derselben Generation (Y) angehört,
- nicht jedes Unternehmen hat so gute Voraussetzungen für eine agile Organisation wie Start-ups.

Thomas J. Scherer kommt zu der Erkenntnis, dass die Abschaffung klassischer Führungsstrukturen dazu führt, dass sich dann eine Dynamik in Gang setzt, in der Machtkämpfe um informelle Positionen ausgetragen werden. Schließlich gäbe es eine nicht unbeträchtliche Anzahl von Menschen, *„die am Ende des Tages, wenn sie keine Konsequenzen zu fürchten hätten, ihr eigenes Wohl über das der Organisation oder des Teams stellen würden? Und braucht es nicht vielleicht formelle Führung, um Individualinteressen ausgleichen und Mobbing unterbinden zu können?"* [Scherer 2018]

Diese Überlegungen machen sehr deutlich, dass es letztlich doch immer wieder formeller und damit klassischer Führungsansätze bedarf, um letztlich den Rahmen für gemeinsame, selbstorganisierte Führung zu schaffen und diese damit überhaupt erst ermöglichen.

Abbildung 6-6 fasst die wichtigsten Überlegungen zum Miteinander von klassischen und New Work-Führungskonzepten zusammen:

	Klassische Ansätze	Neuere Ansätze
Führungserfolg	Durch **Eigenschaften** oder (**situatives**) **Verhalten** der Vorgesetzten	Durch **Interaktion** zwischen Führungskräften und Mitarbeitern
Führungsverständnis	Mitarbeiter brauchen eine – starke Hand – klares Ziel – den Weg dahin Aber auch: – Motivierende Zielsetzungen – Positiv wirkendes Feedback – Individuelle Forderung und Förderung – Offenes Ohr für die Sorgen der Mitarbeiter	• Gemeinsame, selbstorganisierte Führung • Mitarbeitern wird grundsätzlich vertraut • Hinterfragen der Sinnhaftigkeit von zu erledigenden Aufgaben • Hoher „Demokratisierungsgrad" Aber auch: – Nicht alle Mitarbeiter wollen Verantwortung und Leistungsdruck – nicht jeder Mitarbeiter möchte an Entscheidungen beteiligt werden – nicht jedes Unternehmen hat eine homogene Mitarbeiterschaft – nicht jedes Unternehmen hat so gute Voraussetzungen für eine agile Organisation wie Start-ups

Abb. 6-6:   Miteinander von klassischen und New Work-Führungskonzepten

6.6 Unverhandelbare Führungsaspekte

Eine (Führungs-)Kultur lässt sich nicht verordnen und schon gar nicht in der Form ein-führen, dass danach der „ganze Laden anders tickt". Ganz im Gegenteil, eine **Kultur muss (vor)gelebt** werden und hierzu benötigt man die richtigen Vorreiter. Für diese ist es wichtig, dass sie sowohl in der digitalen als auch in der analogen Welt als Menschen wahrgenommen werden, mit denen die Mitarbeiter bestimmte Werte teilen können (Stichwort: Hybride Führungskraft).

Unabhängig davon, ob man auf transaktionale Führungsansätze einerseits oder auf trans-formationale, agile, virtuelle oder verteilte Führung andererseits bzw. auf klassisch ge-führte oder selbstorganisierte Teams setzt, folgende **Kennzeichen einer Führungskul-tur** sollten nicht verhandelbar sein [vgl. im Folgenden Lippold 2019b]:

- **Führung nicht durch Status oder Macht, sondern durch Anerkennung und Respekt**

Führung durch Status und Macht bedeutet – aus Sicht der Geführten – dass hier Aner-kennung von anderen „gegeben" ist. Gerade bei jüngeren Organisationen wird ein sol-cher Status besonders hinterfragt, diskutiert und kritisiert. Damit besteht die Gefahr, dass Führung instabil wird. Aus Gründen einer stabilen Führungskultur sollte somit An-erkennung und Respekt auch immer direkt von den geführten Mitarbeitern kommen.

- **Führung mit Begeisterung, Wertschätzung und Offenheit**

Wer selbst begeistert ist und andere begeistern kann, verfügt über zwei der wichtigsten elementaren Führungseigenschaften. Wertschätzung ist das höchste Gut, das die Vorge-setzten ihren Mitarbeitern gegenüber erweisen können. Organisationale Offenheit und damit Vertrauen ist die Währung im digitalen Zeitalter.

- **Über das Eigeninteresse hinausgehendes Engagement**

Ein Mitarbeiterengagement, das weit über das Eigeninteresse hinaus geht und damit der Gesamtheit dient, kann gar nicht hoch genug eingestuft werden. Es hat entscheidenden Einfluss auf Motivation, Anerkennung und Respekt bei allen beteiligten Führungskräf-ten und Mitarbeitern.

- **Ergebnisse und nicht unbedingt Leistung zählen**

Bei der Beurteilung von Führungskräften und Mitarbeitern sollte die allseits bekannte physikalische Messlatte „Leistung ist Arbeit in der Zeiteinheit" so langsam der Vergan-genheit angehören. Entscheidend ist nicht, wie lange jemand täglich am Schreibtisch sitzt, sondern welche Ergebnisse er erzielt hat.

- **Gemeinsame Erforschung neuer Lösungen und Denkweisen durch die Gruppe**

Gute Führung kann auch informell aufgrund von Gruppenprozessen entstehen. Dazu ist eine Interaktions- und Beziehungsqualität erforderlich, die einen konstruktiven und generativen Dialog erlaubt. Zudem ist eine gute Interaktions- und Beziehungsqualität häufig eine Voraussetzung für das Wir-Gefühl einer Gruppe.

Es steht außer Frage, dass die New Work-Führungsansätze eine ganze Reihe von Vorteilen mit sich bringen. Flexibel, dynamisch, agil und demokratisch sind die Attribute, die am häufigsten im Zusammenhang mit **zeitgemäßer Führung** genannt werden. Es steht auch außer Frage, dass sie Unternehmen dazu verhelfen können, eine höhere Entscheidungsqualität, Kreativität, Agilität und damit gute Gewinne zu erreichen.

Doch sind auch wirklich alle Unternehmen für solch eine Art Führung gleichermaßen geeignet? Und wenn ja, wie können es Unternehmen mit einer eher **autoritären Führungskultur** schaffen, sich hin zu einer kooperativen Führungskultur zu entwickeln, ohne allerdings eine maximale Demokratisierung der Führung anzustreben. Wie können Führungskulturen, die bislang von Anweisungen, Vorgaben und Kontrolle leben, den Weg in ein digitales Zeitalter mit einer disruptiven Organisationsumgebung finden?

Es sind nicht so sehr die formellen Strukturen, Strategien und Prozesse, die bei diesem Weg eine entscheidende Rolle spielen. Es sind vielmehr vor allem **weiche Faktoren** wie gemeinsam geteilte Werte, Fähigkeiten der Mitarbeiter und eine geeignete Arbeitskultur, die über den erfolgreichen Weg eines Unternehmens in eine agile Arbeitsumgebung entscheiden. Passt eine sich selbst führende Organisation hier in das Gesamtkonzept der Unternehmung, kann diese ein erfolgreicher Weg in die Zukunft sein [vgl. Scherer 2018a].

Es geht also nicht mehr um die Vor- oder Nachteile der digitalen Transformation und der damit verbundenen organisatorischen Rahmenbedingungen, sondern darum, wie unsere Unternehmen diesen unaufhaltsamen **gesellschaftlichen Trend** für sich nutzen. Es geht darum, agiles Arbeiten zu ermöglichen, Silodenken aufzubrechen und eine ausgeprägte Innovations- und Kundenorientierung zu praktizieren, ohne dabei allerdings den Demokratisierungsgrad der Führung zu maximieren. Dazu bedarf es einer Feedback- und Fehlerkultur, die dafür sorgt, dass sich Organisation und Führungskräfte weiterentwickeln und sich die Digitalisierung zu Nutze machen [vgl. Aron-Weidlich 2018].

Fazit: Digitale und agile Transformationen sind Lernprozesse, an denen Mitarbeiter, Teams und Organisationen beteiligt sind. Der damit zusammenhängende Lernbedarf kann allerdings mit klassischen Standardtrainings und Entwicklungsgesprächen nicht gedeckt werden. Wissenschaftlich fundierte Antworten und praktische Hinweise für die konkrete Umsetzung gibt dagegen der **agile Lernansatz** [vgl. Gehlen-Baum/Illi 2019].

7. Digitalisierung und Marketing/Vertrieb

> *„Mit der wachsenden Verbreitung privater Internetzugänge, der Entwicklung sozialer Medien und der steigenden Beliebtheit der Smartphones hat auch das digitale Marketing zunehmend an Bedeutung gewonnen. "*
>
> *[Cait Lamberton./Andrew T. Stephen]*

Marketing zählt zu den Kernkompetenzen jedes Unternehmens. Dennoch ist sein Stellenwert für den Unternehmenserfolg in den letzten Jahren kontinuierlich gesunken. Vielerorts ist der Marketingbereich zur reinen Werbeabteilung degradiert. Marketing ist aber nicht nur Werbung oder Kommunikation, sondern eine Denkhaltung, welche die Kundenbedürfnisse in den Mittelpunkt unternehmerischen Handelns stellt. Und diese Denkhaltung muss sich die Unternehmensführung zwingend zu eigen machen. Marketing ist daher viel zu wichtig, um es einer einzelnen Person oder einer Abteilung zu überlassen. Die Unternehmensführung – natürlich in enger Zusammenarbeit mit der Marketing- und Vertriebsleitung – muss die kundenorientierten Zügel in der Hand haben. Der Kunde bzw. dessen Aufträge sind die Existenzberechtigung eines jeden Unternehmens. Daher ist es so wichtig, dass die Unternehmensführung die Marketing-Prozesse kennt.

Mit der digitalen Transformation und ihrer richtigen unternehmensstrategischen Einordnung und Umsetzung als die vielleicht wichtigste gesellschaftliche und wirtschaftliche Chance der Gegenwart kommt dem Marketing künftig eine noch größere Bedeutung zu. Voraussetzung ist, dass das oberste Management die damit verbundenen Herausforderungen aufgreift und aktiv gestaltet. Wesentliche Unterscheidungsmerkmale des digitalen Marketings gegenüber traditionellen Marketingansätzen sind [vgl. Bergemann 2019, S. 311 ff.]:

- Höhere Transparenz des Leistungsangebots für die Verbraucher
- Aktivere Teilhabe von Verbrauchern an Unternehmensaktivitäten
- Punktgenaue Ansprache von Verbrauchern und anderen Interessensgruppen

Viele Unternehmen haben in den letzten Jahren Digitalisierungsinitiativen gestartet, die allerdings oft nicht die anfangs erhoffte Wirkung gezeigt haben. Dies versuchen jetzt viele Führungskräfte dadurch zu ändern, dass sie einerseits die Digitalisierungsbemühungen verstärken und andererseits zunehmend mit KI experimentieren, um die nächste Generation komplexer Daten- und Analytik-Anwendungen nutzen zu können. Mit diesen Schritten wird versucht, den oft vorhandenen Rückstand auf internationale Wettbewerber im Bereich von Digitalisierung und KI aufzuholen, der sich in zahlreichen aktuellen Studien zeigt. So glauben gerade einmal 28 Prozent der befragten Unternehmen,

https://doi.org/10.1515/9783110705959-008

dass ihre aktuellen Mitarbeiter ausreichend gut qualifiziert sind, um die anstehenden Veränderungen zu meistern. Es verwundert daher wenig, dass im Rahmen dieser repräsentativen Befragung unter rund 2.000 deutschen Großunternehmen drei Viertel aller Befragten (76 Prozent) „fehlende qualifizierte Mitarbeiter" als größte Hürde bei der Umsetzung der Digitalisierung sehen (siehe Abbildung 7-1). Es folgt als zweite Hürde die fehlende Zeit (50 Prozent) [vgl. Etventure Studie 2019].

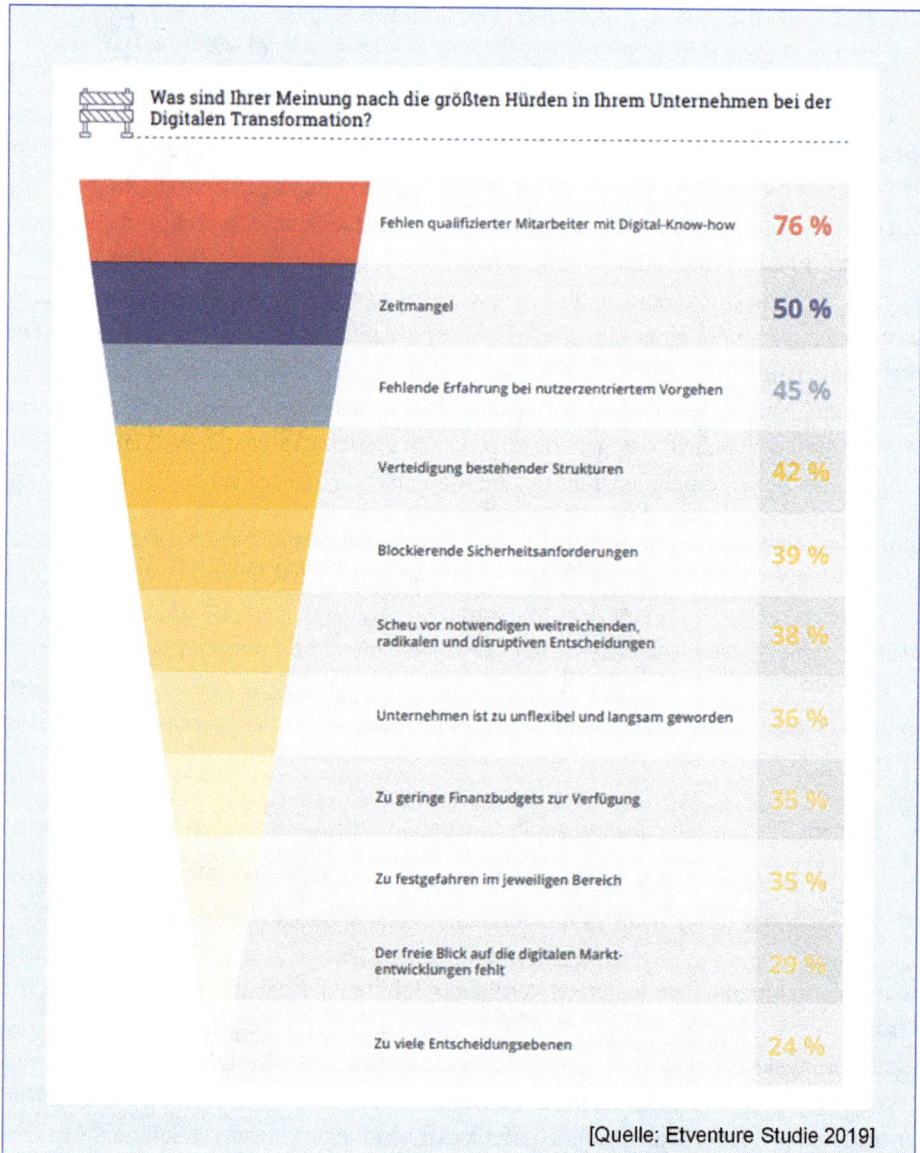

Was sind Ihrer Meinung nach die größten Hürden in Ihrem Unternehmen bei der Digitalen Transformation?

Fehlen qualifizierter Mitarbeiter mit Digital-Know-how	**76 %**
Zeitmangel	**50 %**
Fehlende Erfahrung bei nutzerzentriertem Vorgehen	45 %
Verteidigung bestehender Strukturen	42 %
Blockierende Sicherheitsanforderungen	39 %
Scheu vor notwendigen weitreichenden, radikalen und disruptiven Entscheidungen	38 %
Unternehmen ist zu unflexibel und langsam geworden	36 %
Zu geringe Finanzbudgets zur Verfügung	35 %
Zu festgefahren im jeweiligen Bereich	35 %
Der freie Blick auf die digitalen Markt-entwicklungen fehlt	29 %
Zu viele Entscheidungsebenen	24 %

[Quelle: Etventure Studie 2019]

Abb. 7-1:   Hürden bei der Umsetzung der Digitalisierung

Viele bisherige digitale Initiativen waren zu sehr auf die Nutzung von Daten zur Steige-rung der Effizienz ausgerichtet. Auch liegt der Fokus oftmals zu sehr auf der Implemen-tierung technologischer Lösungen. Dadurch bleiben die großen Möglichkeiten der digi-talen Transformation zu oft ungenutzt, gerade mit Blick auf die Erschließung neuer Märkte durch ganz neue Lösungen für die Kunden – und genau hier bieten sich riesige Chancen für die Marketing-Verantwortlichen in vielen Firmen.

7.1 Digitalisierung und Marktforschung

Um die Chancen der digitalen Transformation durch völlig neue Lösungen mit einem klaren Mehrwert für die Kunden zu nutzen, ist das Marketing aufgrund seiner Marktfor-schungsexpertise gefragt. Dabei sind folgende Inhalte zu beachten [vgl. Lichtenthaler 2018]:

- Detaillierte Untersuchung, wie sich die Wertschöpfungskette des eigenen Unter-nehmens durch Digitalisierung und KI ändert, zum Beispiel durch Sammlung und Analytik großer Datenmengen.

- Umfassende Analyse, wie sich die bisherige Branchenstruktur in Richtung eines komplexen Ökosystems wandelt mit neuen Akteuren, zum Beispiel digitalen Plattformen und IT-Dienstleistern.

- Konzeptionelle Erarbeitung, wie sich der strategische Raum für Innovation und Wachstum durch die neuen Akteure und neuen Aktivitäten in der Wertschöp-fungskette erweitert, z.B. Chancen für neue Kundenlösungen, digitale Dienstleis-tungen und radikale Geschäftsmodelle.

Durch ihr vertieftes Markt- und Kundenverständnis sind die Marketing-Verantwortli-chen oftmals besser aufgestellt als viele andere Bereiche in Unternehmen, um die Chan-cen durch Digitalisierung und KI anzugehen, die über reine Effizienzsteigerungen hin-ausgehen.

Erstens können dafür die bestehenden Produkte und Dienstleistungen angepasst werden, um neue Kundengruppen zu erreichen. Zweitens können ganz neue Lösungen und An-gebote für die bestehenden Kunden entwickelt werden. Drittens können durch Kombi-nation dieser Vorgehensweisen neue Lösungen für neue Kundengruppen auf den Markt gebracht werden.

Insgesamt können sich damit Wachstumschancen in ‚blauen Ozeanen' mit relativ wenig Wettbewerb eröffnen. Hierfür sollte das Marketing mit eigener Initiative die Chancen aus seiner Sicht aufzeigen und die digitale Transformation nicht dem Chief Digital

Officer oder IT-Verantwortlichen überlassen. Außerdem sollte eine proaktive Markto-
rientierung verfolgt werden, die sich gerade nicht nur auf die Bedürfnisse bestehender
Kunden in bisherigen Märkten konzentriert, sondern Wachstum und ganz neue Chancen
verfolgt. Hierfür sollten die Marketing-Experten aktiv auf andere Bereiche zugehen, um
gemeinsam mit diesen die neuen Chancen zu nutzen und konkrete Projekte voranzutreiben. Die digitale Transformation ist weder eine rein technische Aufgabe noch eine reine
Marketing-Aufgabe. Vielmehr sind Digitalisierung und die zielgerichtete Nutzung
künstlicher Intelligenz ein Teamsport, der nur gemeinsam in der Organisation zum Erfolg geführt werden kann – idealerweise mit den Marketing-Verantwortlichen als
Schrittmacher.

Da das Produktangebot durch Internetvergleiche für Verbraucher wesentlich transparenter geworden ist, wird es für Marken zunehmend schwieriger, schlecht belegte Leis-
tungsversprechen abzugeben. Natürlich steht es nach wie vor jedem Unternehmen frei,
einem Produkt jede Art von *Added Value* beizugeben. Wird das Versprechen in den
sozialen Netzwerken allerdings nicht nachvollzogen, bleibt die Positionierung reines
Wunschdenken.

Die besondere Herausforderung für das Marketing im Rahmen der Digitalisierung besteht mehr denn je in der erfolgreichen Gestaltung eines *Total Customer Experience
Management*. Gemeint ist damit die Absicherung einer relevanten und konsistenten Interaktion mit dem Kunden an sämtlichen Kontaktpunkten im Lebenszyklus eines Produkts – angefangen beim Beziehungsaufbau in der Phase der Produktentwicklung über
den Leistungsaustausch mit Bestandskunden in der Produktreifephase bis hin zum Ende
des Lebenszyklus, wenn die Beziehung zum Kunden langsam ausklingt. Traditionelle
und digitale Instrumente und Methoden müssen dabei gut abgestimmt ineinandergreifen
[vgl. Bergemann 2019, S. 312 unter Bezugnahme auf Reidel 2015].

Bleibt an dieser Stelle noch die Frage zu klären, wie deutsche Unternehmen Technologien und digitale Entwicklungen einschätzen, die in den nächsten drei Jahren den größten Einfluss auf das konkrete Geschäftsmodell ihres Unternehmens haben? Darüber hinaus interessiert die Antwort dieser Zielgruppe auf die Frage, in welchen Bereichen
Deutschland in Zukunft eine Spitzenposition einnehmen können wird?

Prädestiniert zur Beantwortung dieser Fragen sind die Ergebnisse einer repräsentativen
Umfrage unter über 2.000 Großunternehmen mit mehr als 250 Millionen Euro Umsatz,
die von der Digitalberatung Etventure mit Unterstützung des Marktforschungsinstituts
GfK durchgeführt wurde. Befragt wurden dabei jeweils Entscheidungsträger, die mit
dem Thema Digitalisierung im jeweiligen Unternehmen befasst sind [vgl. Etventure
Studie 2019].

Abbildung 7-2 liefert einen entsprechenden Überblick über die Antworten auf die beiden Fragen.

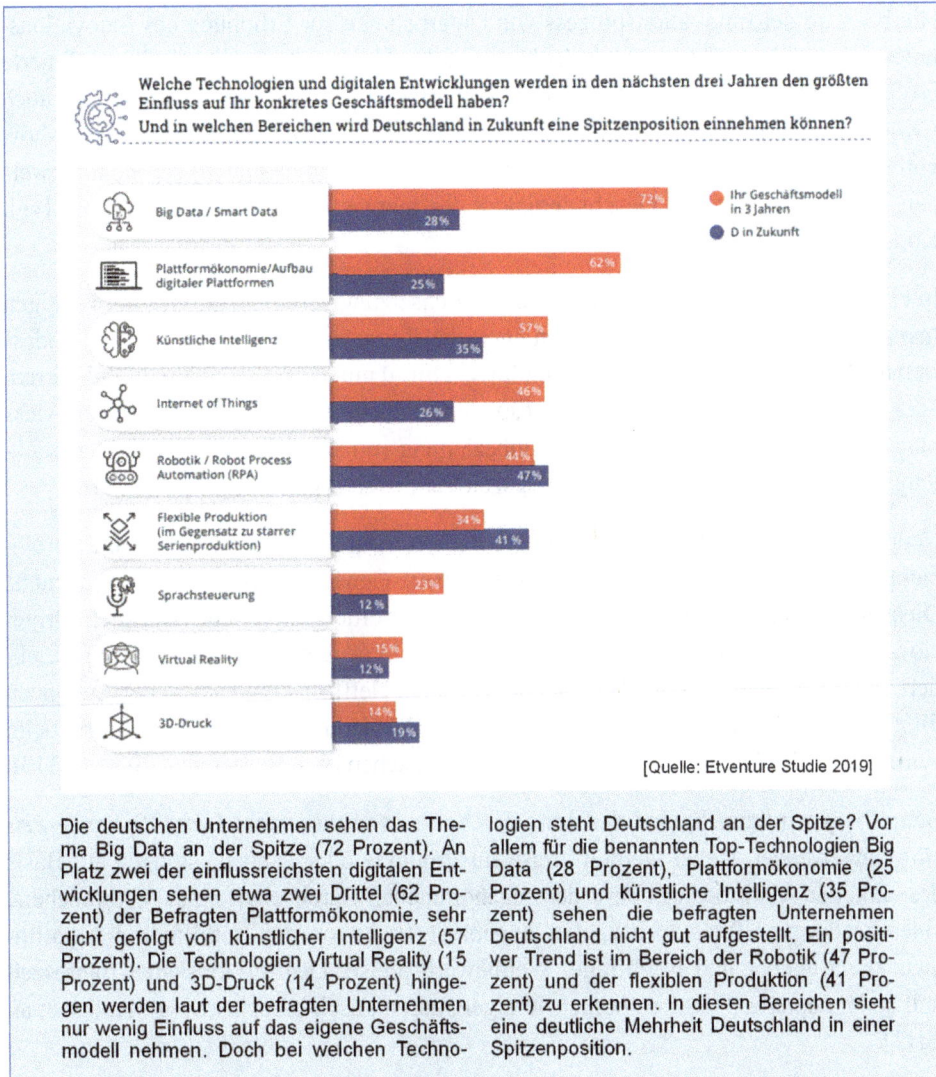

Welche Technologien und digitalen Entwicklungen werden in den nächsten drei Jahren den größten Einfluss auf Ihr konkretes Geschäftsmodell haben?
Und in welchen Bereichen wird Deutschland in Zukunft eine Spitzenposition einnehmen können?

- Big Data / Smart Data — 72% / 28%
- Plattformökonomie/Aufbau digitaler Plattformen — 62% / 25%
- Künstliche Intelligenz — 57% / 35%
- Internet of Things — 46% / 26%
- Robotik / Robot Process Automation (RPA) — 44% / 47%
- Flexible Produktion (im Gegensatz zu starrer Serienproduktion) — 34% / 41%
- Sprachsteuerung — 23% / 12%
- Virtual Reality — 15% / 12%
- 3D-Druck — 14% / 19%

Legende: Ihr Geschäftsmodell in 3 Jahren; D in Zukunft

[Quelle: Etventure Studie 2019]

Die deutschen Unternehmen sehen das Thema Big Data an der Spitze (72 Prozent). An Platz zwei der einflussreichsten digitalen Entwicklungen sehen etwa zwei Drittel (62 Prozent) der Befragten Plattformökonomie, sehr dicht gefolgt von künstlicher Intelligenz (57 Prozent). Die Technologien Virtual Reality (15 Prozent) und 3D-Druck (14 Prozent) hingegen werden laut der befragten Unternehmen nur wenig Einfluss auf das eigene Geschäftsmodell nehmen. Doch bei welchen Technologien steht Deutschland an der Spitze? Vor allem für die benannten Top-Technologien Big Data (28 Prozent), Plattformökonomie (25 Prozent) und künstliche Intelligenz (35 Prozent) sehen die befragten Unternehmen Deutschland nicht gut aufgestellt. Ein positiver Trend ist im Bereich der Robotik (47 Prozent) und der flexiblen Produktion (41 Prozent) zu erkennen. In diesen Bereichen sieht eine deutliche Mehrheit Deutschland in einer Spitzenposition.

Abb. 7-2:   Digitale Technologien mit größtem Einfluss und Bedeutung

7.2 Digitalisierung und Positionierung

Die **Positionierung** zielt darauf ab, innerhalb der definierten Segmente bzw. Geschäftsfelder eines Unternehmens eine klare Differenzierung gegenüber dem Produkt- und Leistungsangebot des Wettbewerbs vorzunehmen. Die beiden Positionierungsmerkmale sind Produkt und Preis.

Der Grundstein der Positionierung wird mit dem **Produkt** bzw. der Produktpolitik gelegt. Hier bietet sich zunehmend die **offene Innovation** (engl. *Open Innovation*) an.

Hierbei wird der Innovationsprozess von Unternehmen zur Erhöhung des Innovations-
potenzials auf die aktive strategische Nutzung der Außenwelt, d. h. eine nicht definierte
größere Zahl von Internetnutzern, erweitert. Bei dieser Art der Kollaboration, auch
Crowdsourcing genannt, wird auf die „Weisheit der Vielen" gesetzt. Das Know-how
von Lieferanten, Kunden und externen Partnern (z. B. Universitäten) soll genutzt werden, um die Qualität und Geschwindigkeit des Innovationsprozesses zu erhöhen [vgl.
Kotler et al. 2017].

In vielen Branchen überfordern die für die Durchsetzung von Innovationen notwendigen
Investitionen und sonstigen Vorleistungen die Ressourcen einzelner Akteure, sodass
sich die Notwendigkeit zur **Innovation im Verbund** mit anderen Anbietern, Zulieferern
oder Kunden ergibt. In diesem Kontext spielen auch virtuelle vernetzte Produktentwick-
lungsteams eine wichtige Rolle. Die Einbeziehung von Kunden in den Produktentwick-
lungsprozess kann die Markteinführungszeit verkürzen [vgl. Chang/Taylor 2016].

Neuprodukte entstehen auch im Kontext der **Sharing Economy**: Durch eine verein-
fachte Möglichkeit zum Teilen entsteht eine neue Generation von Produkten, zumeist
Dienstleistungen, die Nutzen statt Besitz in den Vordergrund stellt (Beispiel: Drive-
Now). Überdies haben sich für bestimmte Produkte neue digitale Vertriebswege etab-
liert, die Besitz ebenfalls obsolet machen (Beispiel: Netflix). Obgleich weder Auto noch
Film ein neues Produkt darstellen, lässt die neue Darbietungs- bzw. Nutzungsform beim
Verbraucher das Gefühl eines neuen Produkts entstehen [vgl. Bergemann 2019, S. 313].

Beim **Preis** wird zunehmend das **dynamische Preismanagement** (engl. *Dynamic Pri-
cing*) angewendet. Dabei werden Preise für Produkte oder Dienstleistungen auf Basis
des aktuellen Marktbedarfs bzw. der angenommenen Bereitschaft eines Verbrauchers,
einen bestimmten Preis zu bezahlen, angepasst. Preise werden mithilfe von Algorithmen, die Angebot und Nachfrage, Wettbewerbspreise, Distributionskanal, Jahreszeit
und andere externe Faktoren berücksichtigen, automatisch berechnet [vgl. Kotler et al.
2017].

Besonders in der Hotellerie, der Reiseveranstaltung und bei Fluglinien sowie im Online-
Versandhandel ist die dynamische Preisgestaltung inzwischen gängige Praxis. Diese
Form der dynamischen Preisgestaltung wird als **Yield Management** bezeichnet.

7.3 Digitalisierung und Distribution

In der **Distribution** wird derzeit von den meisten Unternehmen der Allkanal-Vertrieb
(engl. *Omni Channel System*) favorisiert, der Online- und Offline-Kanäle zusammen-
führt. Dabei wird versucht, die Vertriebskanäle und **Kundenkontaktpunkte** (engl.
Customer Touchpoints) so aufeinander abzustimmen, dass das Einkaufserlebnis für den

Kunden über die verschiedenen Vertriebskanäle hinweg optimiert wird. Kunden können nahtlos zwischen den verschiedenen Kanälen (stationär, online, mobil bzw. kataloggesteuert) wechseln. Kanäle und Marken sind dabei verknüpft [vgl. Bergemann 2019, S. 313].

Als **Online-Vertriebskanal** ist der Online-Handel (E-Commerce) weiterhin weltweit auf Wachstumskurs. Dabei dienen in den westlichen Industrienationen Faktoren wie Produktvielfalt, günstige Preise und zeitnahe Lieferung als Entscheidungskriterien für On- bzw. Offline-Käufe. **One-Click-Ordering**, z. B. via *Dash Button* bei Amazon, ist eine Methode, die den Online-Einkauf weiter vereinfacht: Eine Bestellung kann mit nur einem Klick ausgelöst werden. Gespeicherte Einkaufslisten oder der selbst-ordernde Kühlschrank sind zwar heute noch nicht massentauglich, es gibt aber bereits zahlreiche Konsumentengruppen, die ein Bedürfnis nach solchen Anwendungen äußern, um Zeit, Geld oder Aufwand zu sparen. Weitere, bisher noch nicht ausgeschöpfte Möglichkeiten der **mobilen Vermarktung im Ladengeschäft** (Point-of-Sale) entstehen für den stationären Handel durch *Location-Based Services* und die mobile Vernetzung. Mobiler Handel unter Nutzung des Smartphones (M-Commerce) wird zum Wachstumsmarkt der nächsten Jahre und zu einem entscheidenden Vertriebskanal sowohl für den stationären Handels- und Servicesektor als auch für den Online-Handel werden [vgl. Kantar TNS 2017].

Die großen Internet-Giganten Google, Amazon, Facebook und Apple – kurz: GAFA – beeinflussen das Kaufverhalten und die **Customer Journeys** erheblich. Um dabei nicht an die Wand gedrückt zu werden, müssen nicht nur B2C- sondern auch B2B-Marketer ihre Daten nutzen und verstehen, um eine eigene Form der Kundeninteraktion, beispielsweise über eine App, den Newsletter oder Messaging, zu schaffen. Dank datengetriebenem Marketing und neuen Technologien sollten also die eigenen Marketing-Kanäle befeuert werden. Wichtig ist der richtige Mix der verschiedenen Kanäle in der Kundenkommunikation. Dann können Marketing, Automation, Künstliche Intelligenz und Co. eine sinnvolle Unterstützung sein [vgl. Bott 2020].

7.4 Digitalisierung und Kommunikation

Versucht man die Vielzahl aller digitalen Kommunikationsinstrumente, die dem Marketer heute zur Verfügung stehen, in eine gewisse Ordnung zu bringen, so bietet sich das Kontinuum zwischen den beiden Kommunikationszielen *Awareness* und *Response* als Orientierung an. Beim Ziel Awareness geht es um Image und Bekanntheit. Im Vordergrund steht somit die Kommunikationsleistung der Online-Werbung. Den anderen Pol bildet das Ziel Response, das eine quantitativ messbare Interaktion anstrebt.

Werden nun die vielfältigen digitalen Kommunikationsinstrumente innerhalb der beiden Zielsetzungsgegenpole nach der Nähe zu den Zielen und Response geordnet, so ergibt sich die Darstellung in Abbildung 7-3.

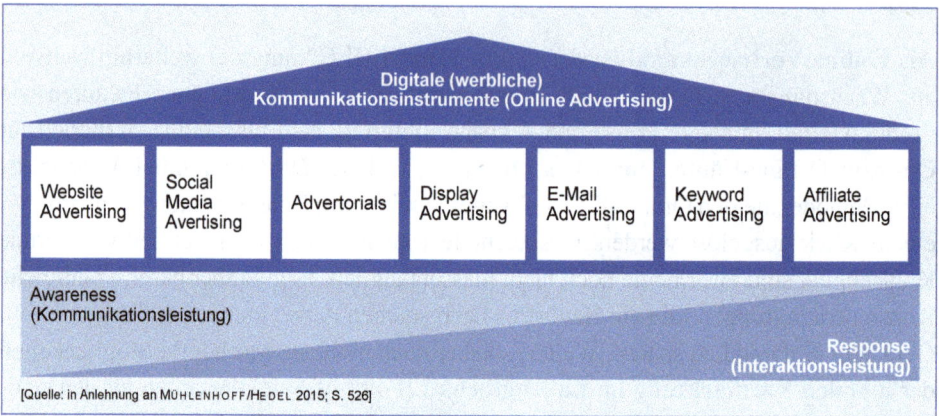

Abb. 7-3:   Instrumente der digitalen werblichen Kommunikation

Im Bereich der **Kommunikation** schließlich sind es die maßgeschneiderten Botschaften über alle Kommunikationsinstrumente und -kanäle hinweg, die das größte Änderungs- und Erfolgspotenzial darstellen. Dabei ist **Künstliche Intelligenz** (engl. *Artificial Intelligence – AI*) die Schlüsseltechnologie. Im Mittelpunkt stehen User Experiences in Echtzeit und individuell erstellte Inhalte für den Konsumenten [vgl. hierzu und im Folgenden Bergemann 2019, S. 311 ff.].

Das beginnt mit der **Website,** die zum werblichen Standardrepertoire eines Unternehmens zählt (engl. *Website Advertising*) und in der Regel einen interaktiven Charakter aufweist. Die Website eines Anbieters hat sich in den letzten *Jahren „zum wichtigsten Kontaktpunkt mit dem Kunden etabliert"* [Wirtz 2013, S. 570]. Sie ist die Mutter aller Online-Plattformen. Der Webauftritt kann individuell, das heißt abhängig davon gestaltet werden, wer die Website besucht. Die Individualisierung kann vom Call to Action über Formulare bis hin zu Texten und Bildern in einem ganz auf den Nutzer individuell angepassten Design reichen. AI erlaubt dem Marketing die Automatisierung der Brand Experience von der ersten Kundenansprache über das Produkt- und Dienstleistungserlebnis bis hin zum Kundenservice.

In der Kommunikation sind es insbesondere die maßgeschneiderten Botschaften über die **sozialen Medien** (engl. *Social Media Advertising*), die ein hohes Änderungs- und Erfolgspotenzial aufweisen. Vier für das Marketing besonders relevante Beispiele für soziale Medien sind soziale Netzwerke, Weblogs, Micro-Blogging-Dienste und Content-Sharing-Plattformen. Hinzu kommt noch der Vertrieb über die sozialen Medien (engl. *Social Selling*), der die Kommunikations- mit der Absatzfunktion verknüpft [vgl. Ivens et al. 2016, S. 414 f.].

Bei der **Display- oder Bannerwerbung** (engl. *Display Advertising*) handelt es sich um Werbeformen im Internet, die sich dem Mittel von Bild- bzw. Audiomaterial, teilweise animiert, bedienen. Die Anzeige wird in einem definierten Teil der Webseite geschaltet oder wird als Pop-Up eingeblendet. Hinzu kommen zunehmend aufwendige Animationen der Werbebanner, insbesondere durch Flash-Technik oder besondere Platzierungsmethoden unter Verwendung von JavaScript.

Mit der Webseite verbunden ist oft ein firmeneigener Blog. Zur besseren Auffindbarkeit der Seiten für Informationssuchende betreiben viele Firmen eine auf die Suchmaschine Google zugeschnittene **Suchmaschinenoptimierung** (engl. *Search Engine Optimization – SEO*). Dabei soll sichergestellt werden, dass bei der Eingabe bestimmter Suchbegriffe im Zuge einer Recherche die Firmenseite zuverlässig angezeigt wird. Viele Anbieter auf dem Markt haben sich inzwischen darauf spezialisiert, Firmen bei der Suchmaschinenoptimierung zu unterstützen.

Die **Google Adwords**, das von Google angebotene System der **Suchwortwerbung** (engl. *Keyword Advertising*), stellt ein weites Gebiet des digitalen Marketings dar. Google Adwords ist derzeit weltweit das mit Abstand populärste Suchwortwerbesystem (engl. *Search Engine Advertising System – SEA*). Es wird von Google ständig erweitert und mit neuen Anwendungen optimiert. Die Abrechnung erfolgt nach Nutzungsfrequenz, wahlweise pro Klick (engl. *Pay per Click – PPC*) oder pro tausend Seitenaufrufe (engl. *Cost per Thousand Impressions – CPM*) [vgl. Google Adwords 2017].

Stellt man die digitale (werbliche) Kommunikation der klassischen Kommunikation gegenüber, so lassen sich die Unterscheidungsmerkmale wie folgt zusammenfassen [vgl. Bergemann 2019, S. 312]:

- Höhere Transparenz des Leistungsangebots für die Verbraucher
- Aktivere Teilhabe von Verbrauchern an Unternehmensaktivitäten
- Punktgenaue Ansprache von Verbrauchern und anderen Interessensgruppen
- Leicht kalkulierbare Kosten, die sich auf einem niedrigeren Niveau befinden
- Einfache und punktgenaue Werbeerfolgskontrolle mit Web Analytics

Die klassische Kommunikation im Marketing richtet sich an eine Zielgruppe, die sich im Rahmen der Marktsegmentierung selektieren lässt. Diese Selektion geht aber nicht soweit, dass jeder Empfänger der Werbebotschaft identifiziert werden kann. Die Zielpersonen bzw. Zielgruppen werden überwiegend durch Massenmedien angesprochen, wobei zum Teil große Streuverluste in Kauf genommen werden. Die klassische Kommunikation kann daher auch als Signalisierung, also als Kommunikation in eine Richtung bezeichnet werden.

Dagegen ist die Botschaft der digitalen Kommunikation an einzelne, individuell bekannte Zielpersonen gerichtet. Statt einer Signalisierung (also eines Monologs) besteht das Ziel in einer interaktiven Kommunikation, also in einem Dialog. Während die klassische Kommunikation mehr das Ziel verfolgt, Image und Bekanntheitsgrad aufzubauen, wird bei der digitalen Kommunikation eine Reaktion (engl. Response) des Angesprochenen und eine langfristige Kundenbeziehung angestrebt. So macht die Werbung im Internet 2017 geschätzte 42 Prozent des gesamten Werbekuchens aus [Quelle: Statista Data Research vom 06.02.2020]. Das sind 10 Prozentpunkte mehr als im Jahr 2013. Damit verschiebt sich auch bei den Unternehmen die Aufmerksamkeit zunehmend von der klassischen Werbung zur Internet-Werbung.

Während früher Werbeflächen rar, Produktionskosten hoch und der finanzielle Aufwand einer einzigen Kampagne enorm war, so bietet das weltweite Web eine bislang nicht gekannte Flexibilität. In der klassischen Werbung hingegen müssen Werbebotschaften und Inhalte einprägsam, zügig und möglichst punktgenau bei den Zielpersonen ankommen, damit sich die Investition in Werbung lohnt. Jeder vergeudete Versuch kostet dem werbenden Unternehmen sehr viel Geld. Im Vergleich zur klassischen Werbung lässt das Internet Versuche zu, ist unglaublich flexibel und ermöglicht sowohl in finanzieller Sicht als auch im Hinblick auf die Kundenansprache einen deutlich größeren Spielraum. Hinzu kommt, dass die sozialen Netzwerke Perspektiven für das Kommunikationsverhalten bieten, die in der klassischen Werbung nicht möglich sind. Der große Vorteil der Internet-Werbung schließlich liegt in den leicht kalkulierbaren Kosten, die sich nicht annähernd auf dem Niveau der Kosten für die klassische Werbung bewegen. Zur Verdeutlichung sind die wichtigsten Unterschiede zwischen klassischer und digitaler werblicher Kommunikation in Abbildung 7-4 dargestellt [vgl. Lippold 2017, S. 186 ff.].

	Klassische (werbliche) Kommunikation	Digitale (werbliche) Kommunikation
Häufig verwendete Synonyme	(Klassische) Werbung	Internet-Werbung, Online-Werbung, Internet-Marketing, Online-Marketing, Dialog-Marketing
Ziel	• Bekanntheit, Image • Einseitige Transaktion (Kunde kauft Produkt/Leistung)	• Reaktion (Response) • Langfristige Kundenbeziehung (Kundenbindung)
Zielgruppe	Eher Massenmarkt	Eher Einzelperson
Medien	Massenmedien	Internet
Kommunikationsfluss	In eine Richtung	In beide Richtungen (Dialog)
Kommunikationswirkung	• Hohe Streuverluste • Aufbau von Markenimages und -präferenzen	• Geringe Streuverluste • Individuelle Kundenbetreuung, geringe Kosten in Relation zur Wirkung
Erfolgsmessung	Über Befragungen (aufwendig)	Web Analytics (einfach und genau)
Paradigma/Philosophie	• Economies of Scale • Mass Production	• Economies of Scope • Customized Production
Kundenverständnis	• Anonymer Kunde • Relative Unabhängigkeit Verkäufer/Kunde	Interdependenz Verkäufer/Kunde
Marketingverständnis	Transaktionsmarketing	Beziehungsmarketing

[Quelle: in Anlehnung an HOLLAND 2015, S. 8]

Abb. 7-4:   Unterschiede zwischen klassischer und digitaler Kommunikation

8. Digitalisierung und Social Media

> *„Informationen, Wissensschnipsel, Artikel, Enzyklopädien, Äußerungen, Angebote, Bilder, Videos, Gerüchte, Fakten, Lügen, Wahrheiten strömen am Nutzer vorbei, der Einzelne schwimmt mit und lässt den Strom mit seinen Äußerungen und Daten weiter anschwellen."*
> [Jürgen Kuri]

Im Rahmen der Digitalisierung sind es insbesondere die sozialen Medien und deren zunehmend mobile Nutzung, von denen neue Anforderungen an das Marketing-Management ausgehen. Social Media haben in den vergangenen Jahren die Internetnutzung nicht nur geprägt, sondern auch verändert. Sie sind für Millionen von Nutzern aus der alltäglichen Kommunikation nicht mehr wegzudenken und beeinflussen Unternehmen und Organisationen in zunehmendem Maße. Für Unternehmen sind soziale Medien daher in vielen Bereichen zu einem wichtigen Wertschöpfungsfaktor geworden. Zwar setzen bereits mehr als drei Viertel der deutschen Unternehmen Social Media ein, viele Firmen sind jedoch noch unsicher, welche Art von Engagement für sie wirklich sinnvoll ist und welche strategische Vorgehensweise sich für sie am besten eignet.

8.1 Facebook, YouTube & Co.

Soziale Medien wie Facebook, YouTube, Twitter, LinkedIn & Co. bieten Internetnutzern nicht nur einen Unterhaltungswert oder die Möglichkeit, persönliche Kontakte zu knüpfen und zu pflegen, sie ermöglichen auch einen schnellen Zugang zu und den Austausch von Informationen.

Das bekannteste soziale Netzwerk ist Facebook. Das 2004 gegründete Netzwerk zählte Ende 2019 weltweit knapp 2,5 Milliarden Nutzer, welche die Seite zumindest einmal pro Monat besuchten [Quelle: Statista 30.01.2020]. Facebook liegt damit weltweit unangefochten auf Platz eins. Facebook ermöglicht die Erstellung von privaten Profilen, von Unternehmensseiten für die geschäftliche Präsenz sowie von Gruppen zur privaten Diskussion gemeinsamer Interessen. Die Pflege von Kundenbeziehungen über Facebook ist eine der am meisten genutzten Formen des Social-Media-Marketings. Mit der Einführung der Premium Video Ads haben Werbetreibende nun auch die Möglichkeit, ihre Ziele im Bereich *Branding* durch Bewegtbildanzeigen auf Facebook zu unterstützen und über maßgeschneiderte Video-Inhalte mit ihren Zielgruppen zu interagieren. Allerdings hat Facebook in den letzten Monaten in Deutschland signifikant an Marktanteilen verloren (siehe Abbildung 8-1).

https://doi.org/10.1515/9783110705959-009

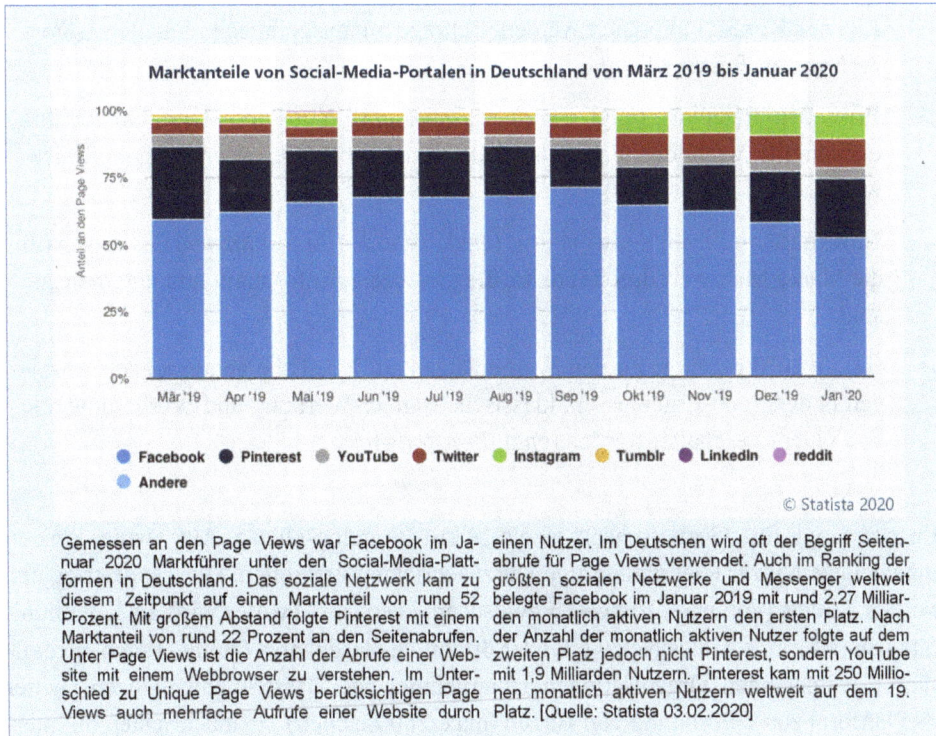

Marktanteile von Social-Media-Portalen in Deutschland von März 2019 bis Januar 2020

Gemessen an den Page Views war Facebook im Januar 2020 Marktführer unter den Social-Media-Plattformen in Deutschland. Das soziale Netzwerk kam zu diesem Zeitpunkt auf einen Marktanteil von rund 52 Prozent. Mit großem Abstand folgte Pinterest mit einem Marktanteil von rund 22 Prozent an den Seitenabrufen. Unter Page Views ist die Anzahl der Abrufe einer Website mit einem Webbrowser zu verstehen. Im Unterschied zu Unique Page Views berücksichtigen Page Views auch mehrfache Aufrufe einer Website durch einen Nutzer. Im Deutschen wird oft der Begriff Seitenabrufe für Page Views verwendet. Auch im Ranking der größten sozialen Netzwerke und Messenger weltweit belegte Facebook im Januar 2019 mit rund 2,27 Milliarden monatlich aktiven Nutzern den ersten Platz. Nach der Anzahl der monatlich aktiven Nutzer folgte auf dem zweiten Platz jedoch nicht Pinterest, sondern YouTube mit 1,9 Milliarden Nutzern. Pinterest kam mit 250 Millionen monatlich aktiven Nutzern weltweit auf dem 19. Platz. [Quelle: Statista 03.02.2020]

Abb. 8-1:   Marktanteile von Social-Media-Portalen

YouTube (engl. *„Du sendest"*) ist eine im Jahr 2005 gegründete Video-on-Demand-Plattform. Sie gilt als Ausdruck des veränderten Sehverhaltens, welches das Internet etabliert hat. Die Menschen konsumieren nicht mehr passiv ein vorgefertigtes Fernsehprogramm, sondern suchen gezielt nach für sie interessanten Inhalten. Google hatte YouTube im Jahr 2006 zum Ausbau seiner Marktstellung erworben. Nutzer finden dort Inhalte zu Sport, Musik, Unterhaltung, Spielen, Beauty, Fashion, Kochen, Ratgebern usw. [vgl. Bergemann 2019, S. 320 f.].

Mit einer Milliarde Nutzern weltweit ist YouTube derzeit die weltweit größte Video-Plattform im Internet. Auch in Deutschland steht YouTube mit großem Abstand an erster Stelle der meist genutzten Video-Plattformen [Quelle: Statista 16.05.2019]. YouTuber gelten als junge, involvierte und aufnahmebereite Zielgruppe, d. h. sie teilen gern Inhalte und Erfahrungen, und testen und bewerten Produkte, Dienste und Restaurants. YouTube hat sich in den letzten Jahren hin zur Professionalisierung entwickelt. Maßgebend hierfür waren die Einführung von Partnerprogrammen und die Monetarisierung von Videos. YouTube gilt derzeit als eines der interessantesten Marketing-Instrumente für Unternehmen und Agenturen. Die Möglichkeiten, YouTube für Werbezwecke zu nutzen, sind vielfältig [vgl. Bergemann 2019, S. 321 f.]:

- **Eigener Kanal**: Favorisiert werden Beiträge mit ausgefallenen Inhalten: *„Story Telling* statt *Product Selling".*

- **Produktplatzierung** (engl. *Product Placement*): YouTube-Stars sind für ihre Community Vorbilder, Entertainer oder Ratgeber und erzielen oft hohe Reichweiten.

- **Unterhaltsame Markenwerbung** (engl. *Branded Entertainment*): Hier schafft die Marke Mehrwert durch Inhalte, die gleichzeitig informativ und unterhaltsam sind.

- **Gekaufte Werbung**: Zu den Werbeplätzen auf YouTube gehören auch Anzeigen in den Such-Ergebnissen, klassische Banner-Werbung und Werbefilme, die vor Videos geschaltet werden (engl. *Pre-Roll-Ads*).

Twitter (engl. für „Gezwitscher)" ist ein Mikro-Blogging-Dienst. Auf Twitter können angemeldete Nutzer telegrammartige Kurznachrichten verbreiten. Die Textnachrichten werden Tweets (von engl. *to tweet* = zwitschern) genannt. Twitter wird als Kommunikationsplattform, soziales Netzwerk oder öffentlich einsehbares Online-Tagebuch definiert. Privatpersonen, Organisationen, Unternehmen und Massenmedien nutzen Twitter als Plattform zur Verbreitung von kurzen (max. 280 Zeichen) Textnachrichten im Internet. Für die Anmeldung werden lediglich zwei Angaben benötigt: Eine E-Mail- Adresse sowie eine sog. Profilbezeichnung, was der Nutzername ist. Er ist standardmäßig öffentlich, also auch für unangemeldete Leser sichtbar. Twitter ist also vor allem ein Nachrichten- und Kommunikationsmedium. Zu reinen Marketingzwecken, z. B. um über Produkte zu informieren, wird das Medium bislang weniger verwendet.

Instagram ist ein kostenloser visueller Online-Dienst zum Teilen von Fotos und Videos. Zur Nutzung steht eine App für Windows, Android und iOS zur Verfügung. Nutzer können ihre Fotos und Videos mit Fotobearbeitungsfunktionen optimieren und Filtern versehen. Instagram ist eine Mischung aus Mikro-Blog und audiovisueller Plattform und ermöglicht es durch Verlinkung, Fotos auch in anderen sozialen Netzwerken zu verbreiten. Das visuelle soziale Medium erfreut sich zunehmender Beliebtheit: Die Zahl der Instagram-Nutzer in Deutschland beläuft sich auf rund 15 Millionen. Weltweit liegt die Anzahl der Instagram-Nutzer bei rund einer Milliarde [Quelle: https://www.futurebiz.de/artikel/instagram-statistiken-nutzerzahlen/]. Instagram wird mittlerweile auf vielfältige Weise genutzt und verzeichnet aktuell über fünfzehn Millionen Unternehmensprofile weltweit [vgl. Bergemann 2019, S. 322 f.].

WhatsApp ist ein 2009 gegründeter Instant-Messaging-Dienst für verschiedene Smartphone-Betriebssysteme, der seit 2014 zu Facebook gehört. WhatsApp gehört zu den derzeit beliebtesten Applikationen. Benutzer können über WhatsApp Textnachrichten, Bild-, Video- und Ton-Dateien sowie Standortinformationen, Dokumente und Kontaktdaten zwischen zwei Personen oder in Gruppen austauschen. Im Frühjahr 2015 wurde den Nutzern auch das internetbasierte Telefonieren über die App möglich gemacht. Dem kostenlosen Dienst wird die weitgehende Ablösung der SMS zugeschrieben. Rund zwei Milliarden Personen nutzen derzeit WhatsApp zum Versenden und Empfangen von Kurznachrichten [Quelle: Statista 13.02.2020]. In Deutschland führt WhatsApp die Anzahl der beliebtesten mobilen Apps mit deutlichem Vorsprung an (siehe Abbildung 8-2).

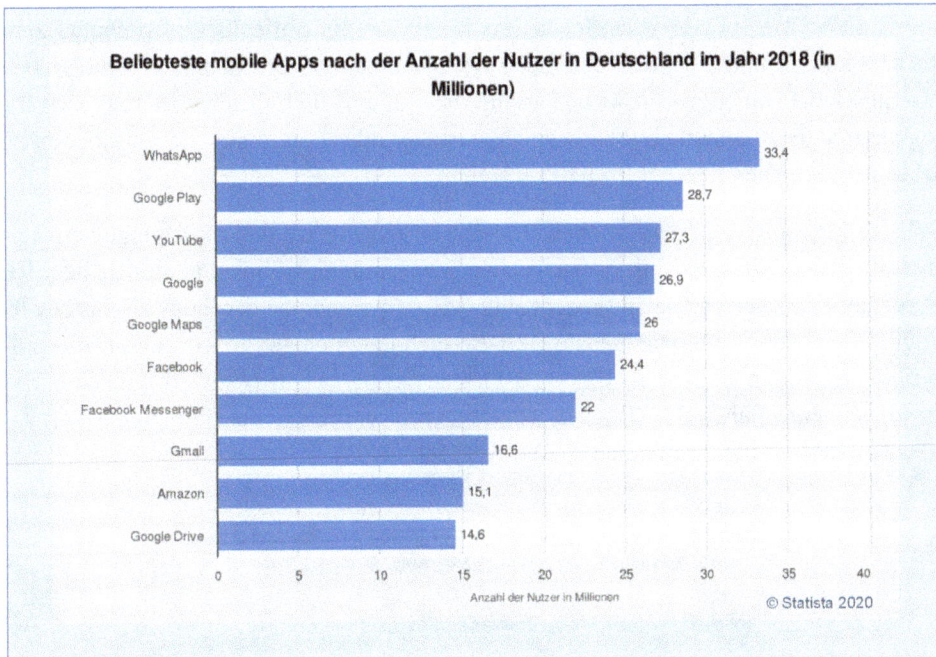

Abb. 8-2:   Beliebteste mobile Apps nach Anzahl der Nutzer in Deutschland 2018

8.2 Nach B2C jetzt auch B2B

Besonders für die Fundierung wichtiger Kaufentscheidungen spielen soziale Medien eine immer größere Rolle, so dass sie vermehrt in den Fokus des Marketing-Managements rücken. Besonders wichtig dabei ist, dass die sozialen Medien und Messenger-Dienste als Stationen *(Touchpoints)* auf der *„Reise der Verbraucher durch die Markenwelt" (Customer Journey)* begriffen werden. Ob sie zur digitalen Bereitstellung von Inhalten *(Content Marketing)*, zur Vermarktung z. B. mit Hilfe von Einflusspersonen *(Influencer-Marketing)* oder zum Kunden-Service genutzt werden, muss dann im Einzelfall entschieden werden. Wichtig für das Verständnis der aktuellen Kommunikation ist, dass es die sozialen Medien sind, die für die unterschiedlichen Vernetzungsebenen sorgen [vgl. Bergemann 2019, S. 312]:

- die Vernetzung der Verbraucher untereinander,
- die Vernetzung von Unternehmen und Verbrauchern und
- die Vernetzung von Unternehmen untereinander.

Naturgemäß war es zuerst der B2C-Bereich, der sich wegen des neuen, attraktiven Zugangs zu seinen Kunden der Nutzung sozialer Medien bediente. Zwischenzeitlich zeigt die Unternehmenspraxis, dass Social Media auch in Industriegüterunternehmen zum Einsatz kommt und auch dort eine hohe Relevanz besitzt. Grundsätzlich ermöglichen soziale Medien einer großen Anzahl an Internetnutzern – in Echtzeit oder zeitversetzt – eigene Inhalte zu erstellen, Inhalte anderer Nutzer oder bestimmter Organisationen zu lesen und diese an andere Nutzer zu verbreiten.

Wie die Ergebnisse einer weltweiten Umfrage unter nahezu 5.000 Marketingleitern zeigen, klafft das Nutzungsverhalten zwischen B2C- und B2B-Firmen allerdings deutlich auseinander. So setzen fast 70 Prozent aller B2C-Unternehmen Facebook als das bevorzugte Medium ein, während dies im B2B-Bereich lediglich 48 Prozent sind. Dafür präferieren immerhin 30 Prozent aller B2B-Firmen das berufliche Netzwerk LinkedIn, das im konsumentennahen B2C-Bereich lediglich von vier Prozent der Befragten bevorzugt genutzt werden (siehe Abbildung 8-3).

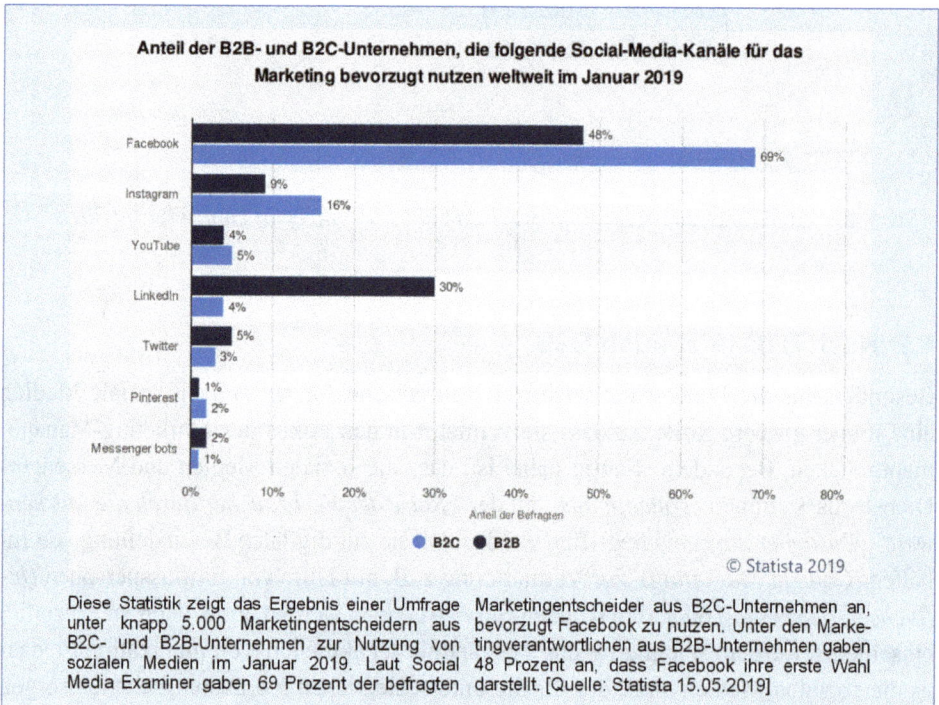

Diese Statistik zeigt das Ergebnis einer Umfrage unter knapp 5.000 Marketingentscheidern aus B2C- und B2B-Unternehmen zur Nutzung von sozialen Medien im Januar 2019. Laut Social Media Examiner gaben 69 Prozent der befragten Marketingentscheider aus B2C-Unternehmen an, bevorzugt Facebook zu nutzen. Unter den Marketingverantwortlichen aus B2B-Unternehmen gaben 48 Prozent an, dass Facebook ihre erste Wahl darstellt. [Quelle: Statista 15.05.2019]

Abb. 8-3:   Bevorzugte Social-Media-Kanäle von B2C- und B2B-Unternehmen

Die obenstehende Abbildung zeigt aber auch in Ansätzen das zielgruppengerechte Vorgehen bei den Firmen, die erkannt haben, dass ihre geschäftlichen Kunden eben nicht so punktgenau mit Facebook zu erreichen sind und daher eher ein berufliches Netzwerk bevorzugen.

Soziale Netzwerke ermöglichen es registrierten Nutzern, eigene Profile zu erstellen und diese mit anderen Nutzern zu vernetzen. Der Fokus sozialer Netzwerke kann entweder auf privaten Kontakten (beispielsweise Facebook) oder geschäftlichen Kontakten (beispielsweise Xing oder LinkedIn) liegen. Die meisten sozialen Netzwerke sind vornehmlich werbefinanziert. Solche Plattformen erlauben es Unternehmen zudem, eigene Unternehmensseiten zu pflegen. Nutzer, die ihr privates Profil mit diesen Seiten verlinken, können dann auf der Seite des Unternehmens veröffentlichte Inhalte bewerten, kommentieren, im eigenen Netzwerk weiterverbreiten oder eigene Postings bzw. Beiträge erstellen.

Viele Unternehmen haben soziale Medien zunächst für die externe Kommunikation eingesetzt. Inzwischen nutzen Unternehmen aber auch verstärkt eine Social Software für interne Zwecke, um Austausch und Zusammenarbeit unter den Mitarbeitern zu verbessern. Insbesondere vervollständigt Social Media die E-Mail-Kommunikation, da viele Anfragen auf diesen Kanälen schneller und transparenter beantwortet werden können als über die klassische Mail. Zudem ergänzen Social Media in vielen Unternehmen inzwischen die bislang üblichen Intranets. Ein wichtiger Unterschied zum klassischen Intranet ist dabei die Art und Weise, wie Inhalte entstehen und geteilt werden. Jeder Mitarbeiter kann gleichzeitig Sender und Empfänger sein. Aus dem internen Redakteur wird ein Community-Manager [vgl. BITKOM-Pressemitteilung v. 29.04.2015].

Eine moderne Unternehmensführung weiß, wo der Mehrwert von Social-Media-Maßnahmen liegt, wie sie diese systematisch planen und dadurch erfolgreich Kunden binden sowie neue Kunden erreichen können.

8.3 Zum wahren Stellenwert von Social Media

Die Digitalisierung wird die Richtung und den Fortbestand unserer Unternehmen maßgeblich bestimmen. Doch geht es nicht auch umgekehrt? Der gut gemeinte Ratschlag dazu: Wir und unsere Unternehmen sollten die digitale Transformation nutzen und nach unserem Willen formen. Doch geht das überhaupt, wenn wir nicht einmal Herr unserer eigenen Spuren sind, die wir über die sozialen Medien Tag für Tag im Internet hinterlassen? Denn wer im Internet unterwegs ist, hinterlässt Spuren – wie Fuß- oder gar Fingerabdrücke. Abdrücke, die in aller Regel bestehen bleiben. Aber wollen wir das?

Das Internet hat uns verändert. Die sozialen Medien haben uns verändert, noch mehr, sie sind dabei, uns zu beherrschen. Für jeden Dritten unter uns und für jeden zweiten der jüngeren Generation ist ein Leben ohne Social Media unvorstellbar geworden (siehe Abbildung 8-4).

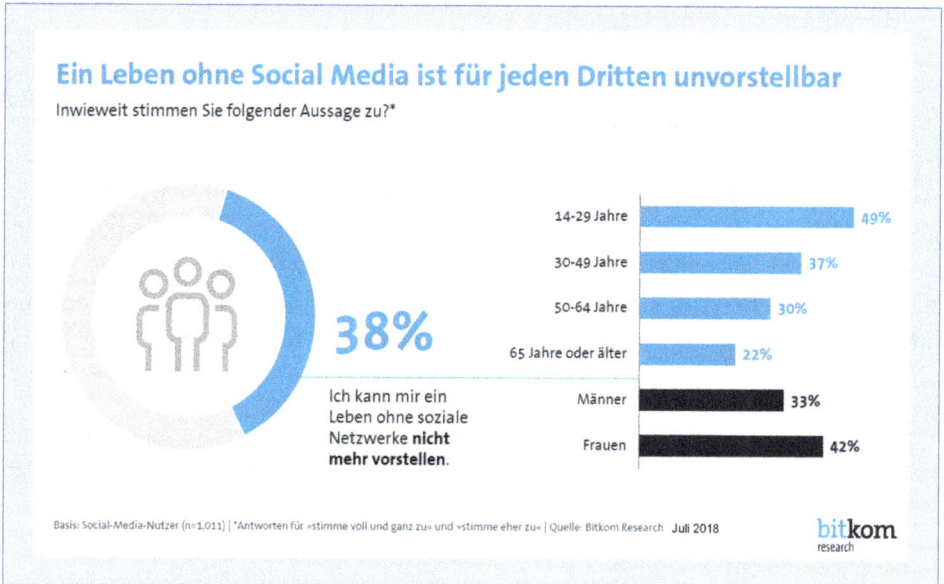

Ein Leben ohne Social Media ist für jeden Dritten unvorstellbar

Inwieweit stimmen Sie folgender Aussage zu?*

38%

Ich kann mir ein Leben ohne soziale Netzwerke **nicht mehr vorstellen.**

14-29 Jahre	49%
30-49 Jahre	37%
50-64 Jahre	30%
65 Jahre oder älter	22%
Männer	33%
Frauen	42%

Basis: Social-Media-Nutzer (n=1.011) | *Antworten für »stimme voll und ganz zu« und »stimme eher zu« | Quelle: Bitkom Research. Juli 2018

bitkom research

Abb. 8-4:   Ein Leben ohne Social Media ist für jeden Dritten unvorstellbar

Google, Facebook und Amazon bestimmen mittlerweile große Teile unseres Konsums und unseres Freizeitverhaltens. Ihr Geschäftsmodell ist es, unsere Wünsche und unsere Zukunft, die sie mit ihren Algorithmen berechnen, zu monetarisieren. Aber wollen wir das?

Sicherlich, wir haben uns daran gewöhnt, in neuen Dimensionen zu denken und neue Verknüpfungen zu bilden. Die Werkzeuge im Internet haben aber einen weiteren Entwicklungsschritt gemacht, dem wir offensichtlich nicht mehr folgen können oder wollen (siehe Abbildung 8-5). An die Stelle statischer Websites, die – vergleichbar der analogen Welt – Informationen und Dienste in überschaubarer Ordnung anbieten, treten soziale

Netzwerke mit locker geknüpften Beziehungen im Netz. Aus Daten, Beziehungen und Informationen schaffen sie einen Fluss, der sich beständig erneuert. Und wir alle schwimmen mit. Viele Nutzer fühlen sich von diesen Strömen überfordert. Manche ertrinken sogar darin.

Social Networks wie Facebook, Twitter, YouTube oder Instagram vereinen Angehörige, Bekannte und Unbekannte; sie führen zu einer „halböffentlichen Existenz", Privatheit lässt sich kaum mehr bewahren. Selbst wer vorsichtig mit seinen persönlichen Daten umgeht, kann nicht entscheiden, was durch die von ihm hinterlassenen Spuren über ihn herauszubekommen ist.

Es gibt zwei Möglichkeiten: Austritt aus dem Netzwerk oder Verbesserung der Rahmenbedingungen.

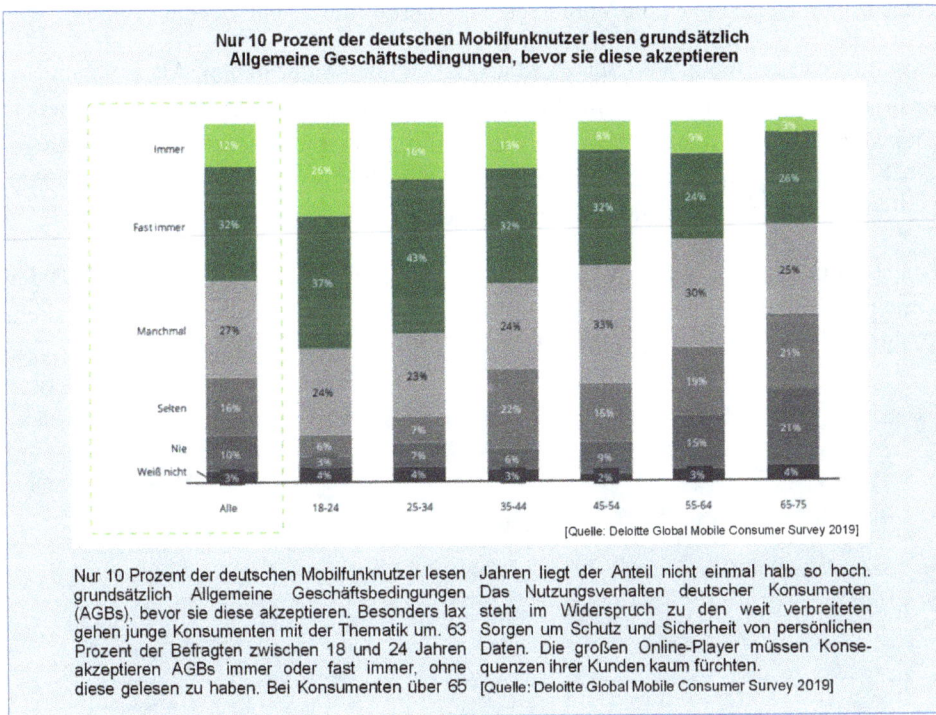

Nur 10 Prozent der deutschen Mobilfunknutzer lesen grundsätzlich Allgemeine Geschäftsbedingungen, bevor sie diese akzeptieren

[Quelle: Deloitte Global Mobile Consumer Survey 2019]

Nur 10 Prozent der deutschen Mobilfunknutzer lesen grundsätzlich Allgemeine Geschäftsbedingungen (AGBs), bevor sie diese akzeptieren. Besonders lax gehen junge Konsumenten mit der Thematik um. 63 Prozent der Befragten zwischen 18 und 24 Jahren akzeptieren AGBs immer oder fast immer, ohne diese gelesen zu haben. Bei Konsumenten über 65 Jahren liegt der Anteil nicht einmal halb so hoch. Das Nutzungsverhalten deutscher Konsumenten steht im Widerspruch zu den weit verbreiteten Sorgen um Schutz und Sicherheit von persönlichen Daten. Die großen Online-Player müssen Konsequenzen ihrer Kunden kaum fürchten.
[Quelle: Deloitte Global Mobile Consumer Survey 2019]

Abb. 8-5:   Akzeptanz von Allgemeinen Geschäftsbedingungen

Warum also verlässt man das Netzwerk nicht einfach? Aus Angst, die Zugehörigkeit zu einer bestimmten Gruppe zu verlieren? Oder ist es der Zwang zur Selbstinszenierung, der in unseren Netzwerken oft eine noch größere Rolle einnimmt als die Kommunikation.

Wie sagte einmal der Psychologe Ernst Pöppel in der FAZ: „Facebook beispielsweise ist eine Art Selbstprostitution, eine Offenlegung von Intimität ohne Verpflichtungen.

Man öffnet sich nicht wirklich, will sich aber zeigen. Es ist gewissermaßen Selbstkommunikation – ein öffentliches Tagebuch, das nur so tut, als wäre es Kommunikation."

Wenn es aber weder die Angst, ausgeschlossen zu werden, noch der Zwang zur Selbstinszenierung ist, dann muss es doch wenigstens um die Rückgewinnung der eigenen Autonomie im Netz, also um die digitale Aufklärung gehen. Für diese Rückeroberung braucht es zwei Dinge, zu denen die sozialen Netze längst die Voraussetzungen bieten:

Erstens: Wir benötigen Informationen über die Verknüpfungen, damit wir bewusst entscheiden können, wie weit unser öffentliches Leben im Netz reichen soll.

Zweitens: Die Informationsströme, d.h. die Äußerungen der sich im Netz bewegenden Nutzer, verlangen nach zusätzlichen Filtern, um dem Denken zugänglich zu sein.

Die sozialen Netze bieten die Voraussetzung, diese Filter zu entwickeln.

Abschließend noch ein Wort zur „Allmächtigkeit" der Algorithmen: Algorithmen sind nicht moralisch und nicht intelligent. Algorithmische Filter führen zu einem Mainstreaming. Sie wissen über unsere Zukunft nur, was in unserer Vergangenheit geschah. Bekanntes wird durch Wiederholung und gleichartige Ergänzungen verstärkt; Unbekanntes und Anderslautendes wird ausgeblendet.

Unabhängig davon, welchen Weg das Unternehmen hinsichtlich seiner Social Media-Strategie einschlagen will, in jedem Fall ist eine gute Vorbereitung eine unerlässliche Voraussetzung (siehe Abbildung 8-6).

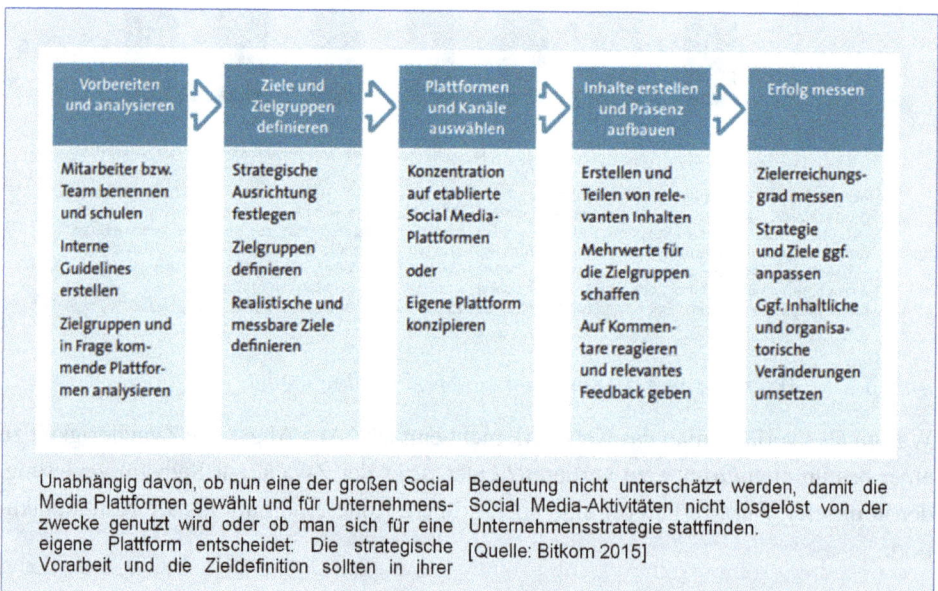

Vorbereiten und analysieren	Ziele und Zielgruppen definieren	Plattformen und Kanäle auswählen	Inhalte erstellen und Präsenz aufbauen	Erfolg messen
Mitarbeiter bzw. Team benennen und schulen	Strategische Ausrichtung festlegen	Konzentration auf etablierte Social Media-Plattformen	Erstellen und Teilen von relevanten Inhalten	Zielerreichungsgrad messen
Interne Guidelines erstellen	Zielgruppen definieren	oder	Mehrwerte für die Zielgruppen schaffen	Strategie und Ziele ggf. anpassen
Zielgruppen und in Frage kommende Plattformen analysieren	Realistische und messbare Ziele definieren	Eigene Plattform konzipieren	Auf Kommentare reagieren und relevantes Feedback geben	Ggf. inhaltliche und organisatorische Veränderungen umsetzen

Unabhängig davon, ob nun eine der großen Social Media Plattformen gewählt und für Unternehmenszwecke genutzt wird oder ob man sich für eine eigene Plattform entscheidet: Die strategische Vorarbeit und die Zieldefinition sollten in ihrer Bedeutung nicht unterschätzt werden, damit die Social Media-Aktivitäten nicht losgelöst von der Unternehmensstrategie stattfinden. [Quelle: Bitkom 2015]

Abb. 8-6:   Ablaufplan für einen unternehmensweiten Social Media-Einsatz

9. Digitalisierung und Organisation

> *„Die Digitalisierung verändert die Wirtschaft grundlegend, das hat auch Auswirkungen auf die Organisation der Unternehmen. Der Kontakt mit Kunden findet heute oft rund um die Uhr und in aller Öffentlichkeit statt, etwa in sozialen Netzwerken."* [Dieter Kempf]

Die Digitalisierung verändert nicht nur Produkte und Geschäftsmodelle, sie führt auch zu signifikanten Veränderungen in der Organisation. Vor allem in kleinen Unternehmen sorgt die Digitalisierung dafür, dass die Motivation der Mitarbeiter steigt. Die Digitalisierung beschleunigt die Kommunikation mit Kunden und auch intern können Mitarbeiter schneller informiert und in Entscheidungen einbezogen werden. Betriebliche Abläufe werden transparenter und flexibler.

9.1 Digitalisierung und Agilität

Immer wenn es nun darum geht, entsprechende digitale Lösungen als Antwort auf die Anforderungen der VUCA-Welt zu entwickeln, wird Agilität zum Schlagwort. Veränderungen, die mit der Digitalisierung einhergehen, machen nicht nur agile Tools und Techniken erforderlich, sondern auch eine Anpassung der Arbeitswelt und damit der Organisation.

Agile Organisationen gelten heutzutage als *die* Struktur, mit der der digitale Wandel und das ständig zunehmende Tempo auf den Märkten am besten gestaltet werden kann. Agile Organisationen gelten als flexibel. Sie passen sich neuen Anforderungen von Kunden viel besser an als die traditionellen Linienorganisationen. Sie sind schneller, vor allem wenn es darum geht zu entscheiden. Denn sie organisieren sich meist selbst, ohne die Entscheidungsleitern nach oben und unten zu durchlaufen.

Kurzum: Bei der Einführung einer agilen Organisation geht es um mehr Flexibilität, Schnelligkeit und Vernetzung bei der Planung und Umsetzung von Projekten (siehe Abbildung 9-1).

Die agile Bewegung gründet auf der ursprünglichen Idee, bessere Software zu entwickeln. Inzwischen wird der agile Ansatz zu allen Arten von Entwicklungsarbeit wie etwa Design, Technik, Marketing und Management herangezogen. Die anfängliche Fokussierung auf kleine selbstorganisierte Teams weitet sich zwischenzeitlich immer mehr zur agilen, bereichsübergreifenden Gesamtorganisation aus.

https://doi.org/10.1515/9783110705959-010

Gründe für die Anpassung hin zu einer agilen Organisation

FLEXIBILITÄT – um eine höhere Flexibilität im Unternehmen zu erreichen, z. B. in der Produktentwicklung, der Bearbeitung von Projekten, beim Mitarbeitereinsatz etc.

55 %

SCHNELLIGKEIT – um schnellere Reaktionszeiten im Unternehmen zu ermöglichen, z. B. bei veränderten Marktbedingungen oder Kundenanforderungen

51 %

VERNETZUNG – um eine stärkere Vernetzung der Wissensträger/ Mitarbeiter, auch über Abteilungs- bzw. Bereichsgrenzen hinweg, zu erreichen

46 %

ANPASSUNG – um sich an veränderte Rahmenbedingungen (Markt, Wettbewerb, gesetzliche Rahmenbedingungen) anzupassen

43 %

SELBSTORGANISATION – um einen höheren Grad an Selbstorganisation der Mitarbeiter zu erreichen bzw. zu etablieren

43 %

Basis: n = 952 (Teilgruppe)

Was macht es für Organisationen notwendig, ihre Strukturen agiler zu gestalten? Ganz oben steht hier bei den Befragten, über eine agile Organisation eine höhere Flexibilität zu erzielen – um Produkte zu entwickeln, Projekte zu bearbeiten oder Mitarbeiter flexibler einzusetzen. Der zweitwichtigste Grund, die Organisation agiler zu machen, ist die Schnelligkeit. Über sie sollen kürzere Reaktionszeiten im Unternehmen ermöglicht werden. Auf Platz 3 steht das Thema Vernetzung: Über alle Bereiche hinweg soll die agile Organisation dazu führen, Mitarbeiter und Wissensträger zu vernetzen. Danach folgen die Anpassung der Organisation an veränderte Rahmenbedingungen, gefolgt von der Selbstorganisation der Mitarbeiter. Größere Differenzen bei diesen Topthemen in Bezug auf die Position oder die Größe und Art des Unternehmens bzw. der Organisation zeigen sich in den empirischen Befunden nicht.

[Quelle: Hays HR-Report 2018 – Agile Organisation auf dem Prüfstand]

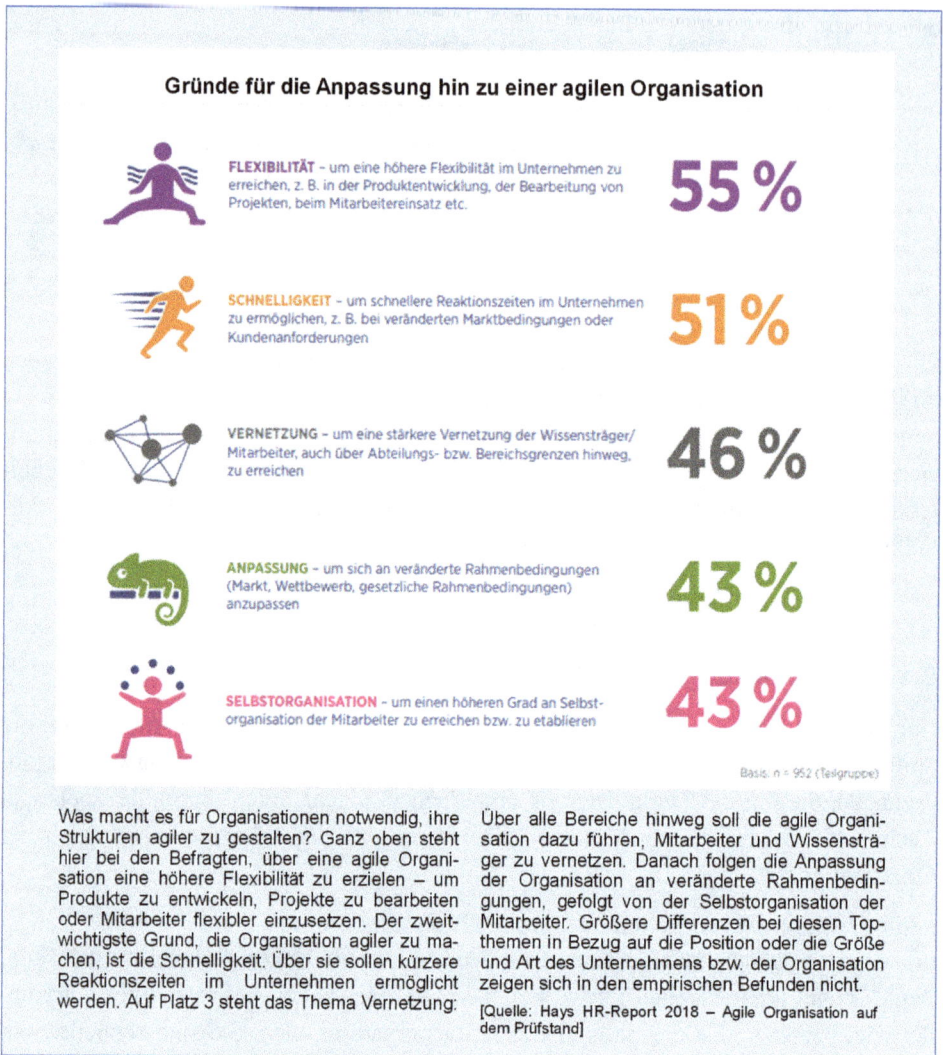

Abb. 9-1:   Gründe für die Anpassung hin zu einer agilen Organisation

Für die agile Organisation existiert keine allgemeingültige Definition. Es ist aber wichtig zu wissen, dass wesentliche Impulse der agilen Planung und Organisation aus der **Softwareentwicklung** kommen. Hier war es zunächst das **Wasserfallmodell**, das die Vorgehensweise und Methodik in nahezu jedem Projekt bestimmte (siehe Abbildung 9-2). Die geordnete Struktur des Modells macht das Vorgehen vor allem für Projekte interessant, die sehr konstante Anforderungen aufweisen und keine kurzfristigen Korrekturschleifen benötigen. Entsprechend ungeeignet ist das Wasserfall-Modell für Projekte mit vielen unvorhersehbaren Faktoren, die flexible Anpassungen benötigen. Da der geplante Ablauf aus der Konzeptionsphase fest eingehalten wird, zeigen sich Fehler in der Umsetzung normalerweise erst gehäuft am Ende des Projektes. Die Fehler zu diesem späten Zeitpunkt zu korrigieren ist entsprechend teurer als es eine frühzeitige Überarbeitung gewesen wäre.

Um den **Problemen des Wasserfallmodells** entgegenzuwirken, wurden zahlreiche agile Vorgehensweisen für die Softwareentwicklung erprobt, die das Projekt nicht anhand eines langfristigen Plans, sondern mit Hilfe kurzer Bearbeitungszyklen *(Sprints)* steuern. In diesen Bearbeitungszyklen, die jeweils zwischen einer und vier Wochen dauern, werden jeweils einer oder mehrere Themenbereiche bearbeitet, getestet und abgeschlossen.

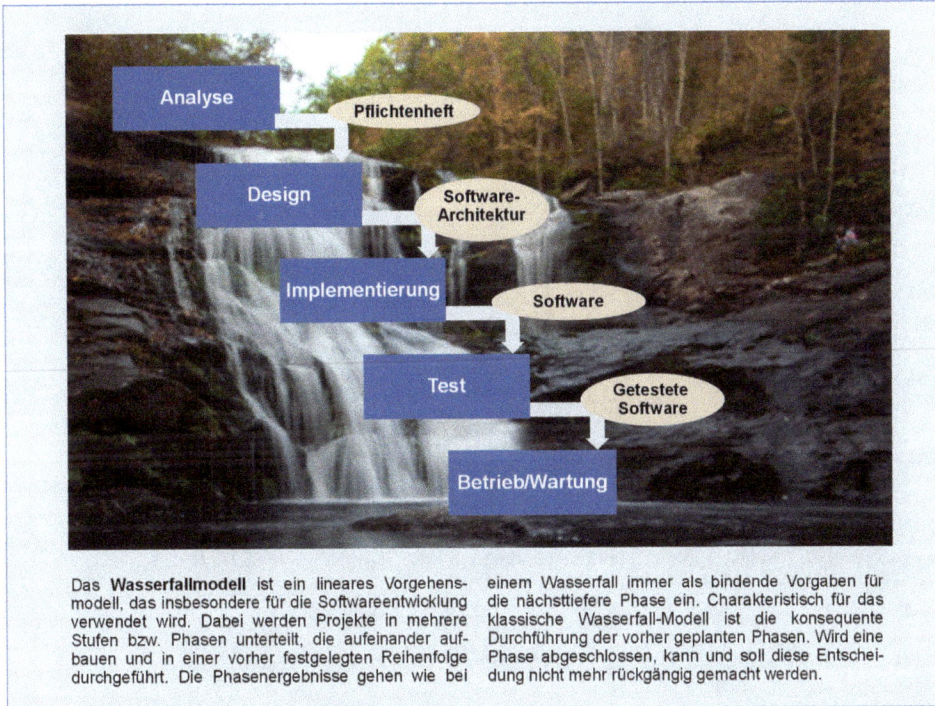

Das **Wasserfallmodell** ist ein lineares Vorgehensmodell, das insbesondere für die Softwareentwicklung verwendet wird. Dabei werden Projekte in mehrere Stufen bzw. Phasen unterteilt, die aufeinander aufbauen und in einer vorher festgelegten Reihenfolge durchgeführt. Die Phasenergebnisse gehen wie bei einem Wasserfall immer als bindende Vorgaben für die nächsttiefere Phase ein. Charakteristisch für das klassische Wasserfall-Modell ist die konsequente Durchführung der vorher geplanten Phasen. Wird eine Phase abgeschlossen, kann und soll diese Entscheidung nicht mehr rückgängig gemacht werden.

Abb. 9-2:   Das Wasserfallmodell der klassischen Softwareentwicklung

Damit stellt sich aber die Frage, was Softwareentwicklung mit Organisationsentwicklung zu tun hat. Beiden gemeinsam ist, dass es schwierig ist, von Anfang an Ziele spezifisch und messbar zu definieren und dass nicht vorhersehbare Probleme und Änderungen bei der Umsetzung von Zielen eher die Regel als die Ausnahme sind.

Gemeinsame agile Werte wie zum Beispiel Commitment, Fokus, Offenheit, Vertrauen oder Mut, die in der Praxis von jedem Team gelebt werden müssen, sind oft der Ausgangspunkt für die agile Organisationsentwicklung. Diesen Werten, die bei der agilen Softwareentwicklung eine große Rolle spielen, wird auch eine hohe Bedeutung für den Erfolg des Organisationsprozesses beigemessen.

Abbildung 9-3 zeigt, dass die Softwareentwicklung bei weitem nicht mehr das einzige Einsatzgebiet agiler Methoden ist. Im Gegenteil, gut ein Drittel aller befragten Unternehmen einer Studie der Deutschen Gesellschaft für Projektmanagement (GPM) setzen agile Methoden in Anwendungsfeldern ohne besonderen IT-Bezug (und damit auch in der Organisationsentwicklung) ein.

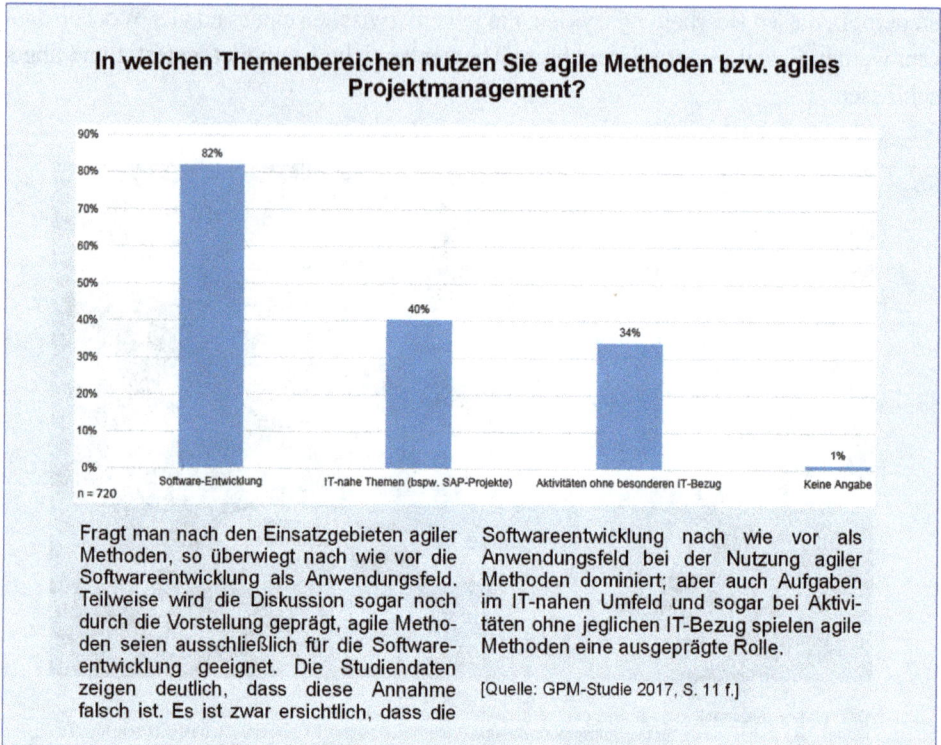

In welchen Themenbereichen nutzen Sie agile Methoden bzw. agiles Projektmanagement?

n = 720

Software-Entwicklung: 82%
IT-nahe Themen (bspw. SAP-Projekte): 40%
Aktivitäten ohne besonderen IT-Bezug: 34%
Keine Angabe: 1%

Fragt man nach den Einsatzgebieten agiler Methoden, so überwiegt nach wie vor die Softwareentwicklung als Anwendungsfeld. Teilweise wird die Diskussion sogar noch durch die Vorstellung geprägt, agile Methoden seien ausschließlich für die Softwareentwicklung geeignet. Die Studiendaten zeigen deutlich, dass diese Annahme falsch ist. Es ist zwar ersichtlich, dass die Softwareentwicklung nach wie vor als Anwendungsfeld bei der Nutzung agiler Methoden dominiert; aber auch Aufgaben im IT-nahen Umfeld und sogar bei Aktivitäten ohne jeglichen IT-Bezug spielen agile Methoden eine ausgeprägte Rolle.

[Quelle: GPM-Studie 2017, S. 11 f.]

Abb. 9-3:   Einsatzgebiete agiler Methoden

Aus klassischer Führungssicht zielt die agile Organisation auf eine **Selbstorganisation**, die ein Maximum an Delegation darstellt. Die Führung wird dabei temporär immer wieder von neuen Teammitgliedern übernommen und kann als „Führung on demand" bezeichnet werden. Bei einer ausgeprägten Selbstorganisation hat das Organigramm als Pyramide ausgedient. Gefragt ist eine breite Plattform, auf der die Mitarbeiter für das Unternehmen und auch im Sinne der Unternehmensziele erfolgreich sein können. Zudem sind Vorgesetzte nicht mehr für die Einteilung der Arbeit zuständig. In einer agilen Organisation regelt das jeder Einzelne in Abstimmung mit dem Team, und zwar nach inhaltlichen und motivationalen Gesichtspunkten. Viele Dinge werden transparenter und Herrschaftswissen nimmt ab [vgl. Nowotny 2017].

Eine agile Organisation muss eine hierzu passende Kultur haben. Für die Unternehmenspraxis bedeutet das: Die Kontroll- und Politikinstrumente treten in den Hintergrund.

Transparenz und eine offene Diskussionskultur prägen die Organisation. Vornehme Zurückhaltung ist kontraproduktiv, da essenzielle Punkte so nicht auf den Tisch kommen. Auch der für agile Unternehmen wichtige Austausch von informellem Wissen wird sehr stark durch die Unternehmenskultur vorgegeben. Die Teamkultur, die Zusammenarbeit im Team und der Teamprozess selbst stehen im Vordergrund und werden immer wieder gezielt verbessert [vgl. Nowotny 2017].

Die **Unterschiede** zu hierarchischen oder Matrixorganisationen lassen sich wie folgt zusammenfassen [vgl. Albert/Krumbier 2014]:

– Die agile Organisation vermeidet Arbeitsteilung und Differenzierung.

– Für agile Organisationen sind Kräfte, die von außen kommen, wichtiger als Kräfte, die von oben – also vom Management – kommen.

– **Vernetzte Kommunikation** und **informelle Strukturen** treten bei agilen Unternehmen in den Vordergrund.

– Agile Organisationsentwicklung folgt dem Prinzip des **„test-driven-development"**. Dabei wird ein missglückter Testballon nicht als „Fehlschlag" bewertet, sondern als eine „hilfreiche Information".

– Agile Organisationen haben anders als hierarchische Organisationen eine **organische oder zellartige Struktur**. Sie bestehen durchgehend aus Teams, die eigenverantwortlich und ohne klassische Führungskraft arbeiten.

– **Transparenz** im Vorgehen und in der Kommunikation ist eine der wichtigsten Voraussetzungen der agilen Organisationsentwicklung.

– Der **Informationsaustausch im Team** wird bei der agilen Organisation großgeschrieben – das gilt sowohl bei den Inhalten als auch bei der Zusammenarbeit. Das Lernen ist Bestandteil des Prozesses.

– Agile Organisationsmodelle entsprechen in ihrer ausgeprägten Form dem **kooperativen Führungsstil**. Allerdings sollte die Passung von Führungsstil und Organisationsform im Kontext neuer Zusammenarbeitsmodelle immer wieder diskutiert werden. Denn es gibt einen Punkt, an dem der optimale Grad der **Mitbestimmung** für die jeweilige Organisation erreicht ist. Wird die Organisation über diesen Punkt hinaus demokratisiert, mindern negative Effekte den Erfolg.

Sind die Voraussetzungen gegeben, so sehen die Vertreter der agilen Organisationsentwicklung folgende **Vorteile** im agilen Vorgehen [vgl. Kasch 2013, S. 49]:

– **Entscheidungsprozess:** Nach einer Übergangsphase werden Entscheidungen schneller getroffen, da Flaschenhälse in der Kommunikation erkannt und beseitigt wurden.

- **Freiräume:** Das Unternehmen kann seine Attraktivität steigern, da die geschaffenen Freiräume der zunehmenden Mündigkeit des Einzelnen entsprechen.

- **Kundenorientierung:** Produkte und Leistungen werden (wieder) kundenorientierter, da durch die konsequente Ausrichtung am Markt der Dialog mit Kunden verstärkt wird.

- **Kommunikation:** Es ergeben sich eine verbesserte, in der Regel auf das Wesentliche reduzierte Kommunikation und Koordination.

- **Transparenz:** Für alle Mitarbeiter wird eine sinnvolle Transparenz hergestellt, zum Beispiel sind die Unternehmenskennzahlen für alle ersichtlich. So stimmt der Kontext für eigenverantwortliches Handeln.

- **Einbindung:** Es werden alle Beschäftigten an der Leistung und weiteren Entwicklung des Unternehmens beteiligt.

9.2 Agil versus klassisch

Welche Methode eignet sich besser für die Organisationsentwicklung, die agile oder die klassische Methode? Eine Antwort darauf muss differenziert ausfallen:

Es gibt Projekte und Kundenumgebungen, bei denen sich die klassische Planung bewährt hat und sich weiter bewähren wird. Methodik und Planung sollten zu den Strukturen und zur Kultur einer Organisation oder eines Projekts passen, ebenso wie zum Charakter des Veränderungsprozesses selbst. Wenn ein Leitsatz der Organisationsentwicklung, nämlich *„Veränderung braucht Stabilität"* zutrifft, dann werden sich die Verantwortlichen oder Beteiligten eines Change Prozesses nicht so ohne Weiteres auf den Wechsel der methodischen Vorgehensweise einlassen.

Mit anderen Worten, je aufwändiger ein organisatorischer Reformprozess und je höher das Risiko für die Beteiligten (insbesondere der Führungskräfte) ist, desto geringer wird in der Regel die Bereitschaft sein, sich auf eine experimentelle Methodik mit vielen ergebnisoffenen Iterationsschritten einzulassen. Deshalb muss der Einsatz agiler Methoden sorgsam überlegt und ggf. mit den bekannten Elementen linearer Planung wie z.B. Meilensteine, Berichte und Entscheidungsweichen ausbalanciert werden. Dies mag auch der Grund dafür sein, dass die durchgängige Nutzung agiler Methoden („nach Lehrbuch") eher die Ausnahme als die Regel ist. Denn lediglich 20 Prozent der über 900 GPM-Studienteilnehmer arbeiten durchgängig agil. Die vorherrschende Einsatzform ist „hybrid" (37 Prozent) gefolgt von „selektiv" (31 Prozent), also sowohl agil als auch klassisch. Lediglich 12 Prozent arbeiten noch durchgängig klassisch [vgl. GPM-Studie 2017, S.11].

Andererseits zeigen die Ergebnisse der GPM-Umfrage zum Status-Quo der Verbreitung und Nutzen agiler Methoden, dass die Leistungsfähigkeit agiler Methoden deutlich höher eingeschätzt wird als die der klassischen Methoden (siehe Abbildung 9-4).

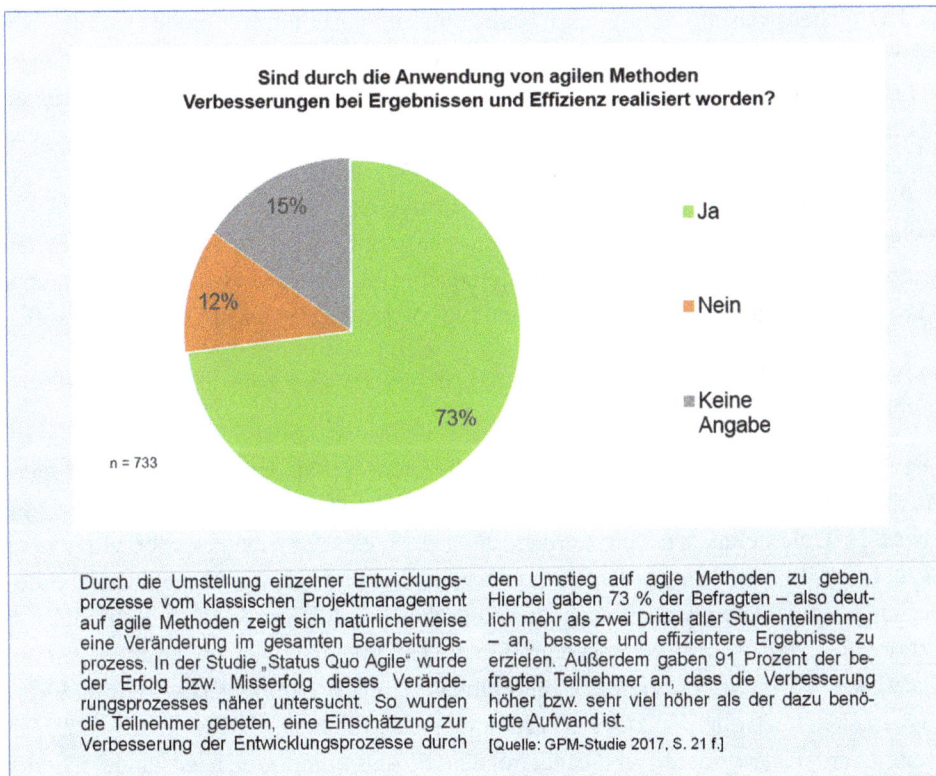

Sind durch die Anwendung von agilen Methoden Verbesserungen bei Ergebnissen und Effizienz realisiert worden?

- Ja
- Nein
- Keine Angabe

n = 733

Durch die Umstellung einzelner Entwicklungsprozesse vom klassischen Projektmanagement auf agile Methoden zeigt sich natürlicherweise eine Veränderung im gesamten Bearbeitungsprozess. In der Studie „Status Quo Agile" wurde der Erfolg bzw. Misserfolg dieses Veränderungsprozesses näher untersucht. So wurden die Teilnehmer gebeten, eine Einschätzung zur Verbesserung der Entwicklungsprozesse durch den Umstieg auf agile Methoden zu geben. Hierbei gaben 73 % der Befragten – also deutlich mehr als zwei Drittel aller Studienteilnehmer – an, bessere und effizientere Ergebnisse zu erzielen. Außerdem gaben 91 Prozent der befragten Teilnehmer an, dass die Verbesserung höher bzw. sehr viel höher als der dazu benötigte Aufwand ist. [Quelle: GPM-Studie 2017, S. 21 f.]

Abb. 9-4:   Verbesserung durch agile Methoden

Allerdings basiert die hohe Erwartungshaltung gegenüber solch guten Ergebnissen auf einer Reihe von Voraussetzungen, die zwingend erfüllt sein müssen. Zu den wichtigsten Voraussetzungen zählen:

- **Agile Werte** (z.B. Commitment, Fokus, Offenheit, Mut), die von allen Teilnehmern gelebt werden

- Einheitliche und hohe **digitale Kompetenz** aller Teammitglieder

- Eine **Unternehmenskultur**, die agiles Denken und Handeln erlaubt und bei der Kontroll- und Politikinstrumente in den Hintergrund treten

- **Rollen- und Aufgabenklarheit**, klare Prioritäten sowie passende Meeting-Formate und Kommunikationsstrukturen.

9.3 Datengetriebene Agilität

Start-ups organisieren sich zunehmend im Sinne einer datengetriebenen Agilität. Beispiele wie Amazon, Facebook, Google und Spotify zeigen, dass sich diese Methoden und Vorgehensweisen auch skalieren lassen und somit ebenfalls für große Unternehmen geeignet sind. Die Ansatzpunkte bei der Umsetzung sind von Unternehmen zu Unternehmen allerdings unterschiedlich. Während einige Unternehmen große Investitionen in die Infrastruktur tätigen werden, konzentrieren sich andere auf die Qualifikation von Mitarbeitern und die Etablierung neuer Arbeitsweisen und Methoden. In der datengetriebenen Agilität konvergieren verschiedene Entwicklungsstränge zu einer neuen Arbeitsweise, die Raum für digitale Innovation schafft und eigenverantwortliches Arbeiten ermöglicht. Sie fördert kontinuierliches Lernen, um der zunehmenden Unsicherheit über Märkte und Kundenverhalten zu begegnen [vgl. Sopra Steria Consulting 2016, S. 6 ff.].

In Abbildung 9-5 sind die verschiedenen Entwicklungsrichtungen, die zu einer datengetriebenen Agilität führen, dargestellt.

Die Digitalisierung verändert also nicht nur die Organisation der kleinen Unternehmen. Auch bei großen Organisationen ist die neue Arbeitswelt geprägt durch Netzwerke, die zwischen Unternehmen geteilt werden, ohne dass dies für Kunden oder Mitarbeiter sichtbar ist. Immer weniger zählen Organisationszugehörigkeit und hierarchische Zuordnung. Loyalitäten werden zunehmend durch die fachliche Expertise bestimmt. Zur Erbringung spezifischer Leistungen greifen die Unternehmen nicht mehr unbedingt auf die eigene Workforce zu. Vielmehr führt globale Transparenz von Know-how und Verfügbarkeiten hoch qualifizierter Fachkräfte vermehrt zu einem „hiring on demand". Ein weiterer organisatorischer Trend hängt mit dem Einsatz komplexer, aber standardisierter IT-Systeme zusammen.

So ist die Erkenntnis gewachsen, dass es deutlich preiswerter ist, Organisationsformen und Prozesse der Software anzupassen, als die Software entlang der Organisation zu überarbeiten und neu zu strukturieren. Doch nicht nur die Software, die durch Standardisierung Organisationsformen homogener macht, wird Teil der Wertschöpfung, auch die Einbindung der Crowd und der Einsatz von Open Innovation führen zu einer Öffnung und Entgrenzung vormals geschlossener Unternehmensstrukturen und damit zur Verbesserung der Wertschöpfungsstrukturen. Schnelle und offene Skalierung wird offenbar zum Königsweg in der Digitalisierung. Einfluss auf die Organisation hat auch der **Prosumerismus**, bei dem Kunden und Begeisterte digitalisierbare Leistungen freiwillig und unentgeltlich erbringen. Freiwillige digitale Arbeit kann so in Teilen professionelle Beschäftigung ersetzen [vgl. Shareground/St. Gallen 2015].

Bestimmungsfaktoren der datengetriebenen Agilität

Performance
(z. B. Digital Customer Centricity)

Daten-
getriebene
Agilität

Agile Methoden	(Big) Data & Analytics	Digitale Interaktion	Führung, Organisation & Kompetenzen	Architektur & Geschäftsprozesse
Agiles Business	Künstliche Intelligenz	Digitale Assistenten	(Biz)DevOps	Microservices
Build–Measure–Learn	Echtzeit	Internet of Things	Interdisziplinäre Teams	Continuous Integration & Delivery
A/B-Testing	Closed Loop	Social	Objective Key Results	Cloud
Scrum	Sensoren	Mobile	Autonome Teams	„Digital first"-Prozesse
MVP	Nutzungs- und Performance-Daten	Web	Experimente	Workflow-Automatisierung
Agile Projekte			Digital Units & Innovation Labs	

Agile Methoden halten auf breiter Front Einzug in viele Unternehmen. Sie binden Kunden enger ein. Ihr Kennzeichen sind kurze Zyklen, die Feedback und Lernen ermöglichen. Auch werden in diesem Zusammenhang zunehmend erfolgreiche Praktiken aus der Start-up-Szene in etablierten Unternehmen aufgegriffen. Mit möglichst wenig Entwicklungsaufwand soll dadurch frühzeitig eine Validierung von innovativen Produkten und Dienstleistungen durch Kunden ermöglicht werden.

Data & Analytics beschreibt ein Feld von Technologien und Methoden, die Unternehmen deutlich ausgeweitete Möglichkeiten zur Informationsgewinnung durch umfangreiche Datensammlung und neue Analyseverfahren bieten. Daneben beschleunigen die Technologien die Analyse erheblich, so dass daten- und regelbasierte Geschäftsprozesse und Geschäftsmodelle entstehen. Neben einer breiteren Verfügbarkeit von industriellen Daten (z. B. aus der Nutzung von Maschinen) stehen durch digitale End-geräte auch erheblich mehr Daten über Nutzer und das Nutzerverhalten zur Verfügung.

Ein wesentlicher Treiber für Veränderungen im Unternehmen ist die sich rasch verändernde **digitale Interaktion** mit Mitarbeitern, Kunden und Partnern. Nach der rasanten Ausbreitung der Internetnutzung – insbesondere auch bei älteren Menschen – haben sich durch die mobile Nutzung digitaler Services sowie durch soziale Medien neue Nutzungsgewohnheiten und Erwartungshaltungen für die Interaktion mit Unternehmen etabliert. Dies gilt nicht nur für heute primär digitale Dienstleistungen wie beispielsweise das Bankkonto, sondern zunehmend auch für physische Produkte (wie beispielsweise Autos), die durch das Internet der Dinge mit digitalen Services verknüpft werden.

Die digitale Transformation ist durch erhebliche Veränderungen von **Führung, Organisation und Kompetenzen** gekennzeichnet. Neue Organisations- und Führungsmodelle hängen dabei von veränderten Erwartungen der Mitarbeiter an eigenverantwortliches Arbeiten ab. Klassische Hierarchien werden dabei infrage gestellt. Neue Organisationsformen delegieren konsequent und ergebnisorientiert Verantwortung an teilautonome Teamstrukturen, um Innovationen und Eigeninitiative mehr Raum zu geben, aber gleichzeitig Ergebnisverantwortung besser zu verankern. Damit verändern sich Führungsmodelle, Incentivierung und die erforderlichen Kompetenzen für Mitarbeiterinnen und Mitarbeiter.

Schließlich entwickelt sich auch die Domäne der etablierten Unternehmens-IT erheblich weiter. **Geschäftsprozesse** werden zunehmend Ende zu Ende digitalisiert und auf der Grundlage von Nutzungsdaten optimiert. Möglichkeiten zur Automatisierung und Vermeidung von Medienbrüchen werden konsequenter als bisher ausgeschöpft. Bestehende **Architekturen** sind derart weiterzuentwickeln, dass sie agile Vorgehensweisen unterstützen und Systembrüche überwinden. Neue Architekturen ermöglichen auch die Definition von Komponenten digitaler Dienste, für die interdisziplinäre Teams klarer als bisher Verantwortung übernehmen können (Microservices).

[Quelle: Sopra Steria Consulting 2016, S. 9 ff.]

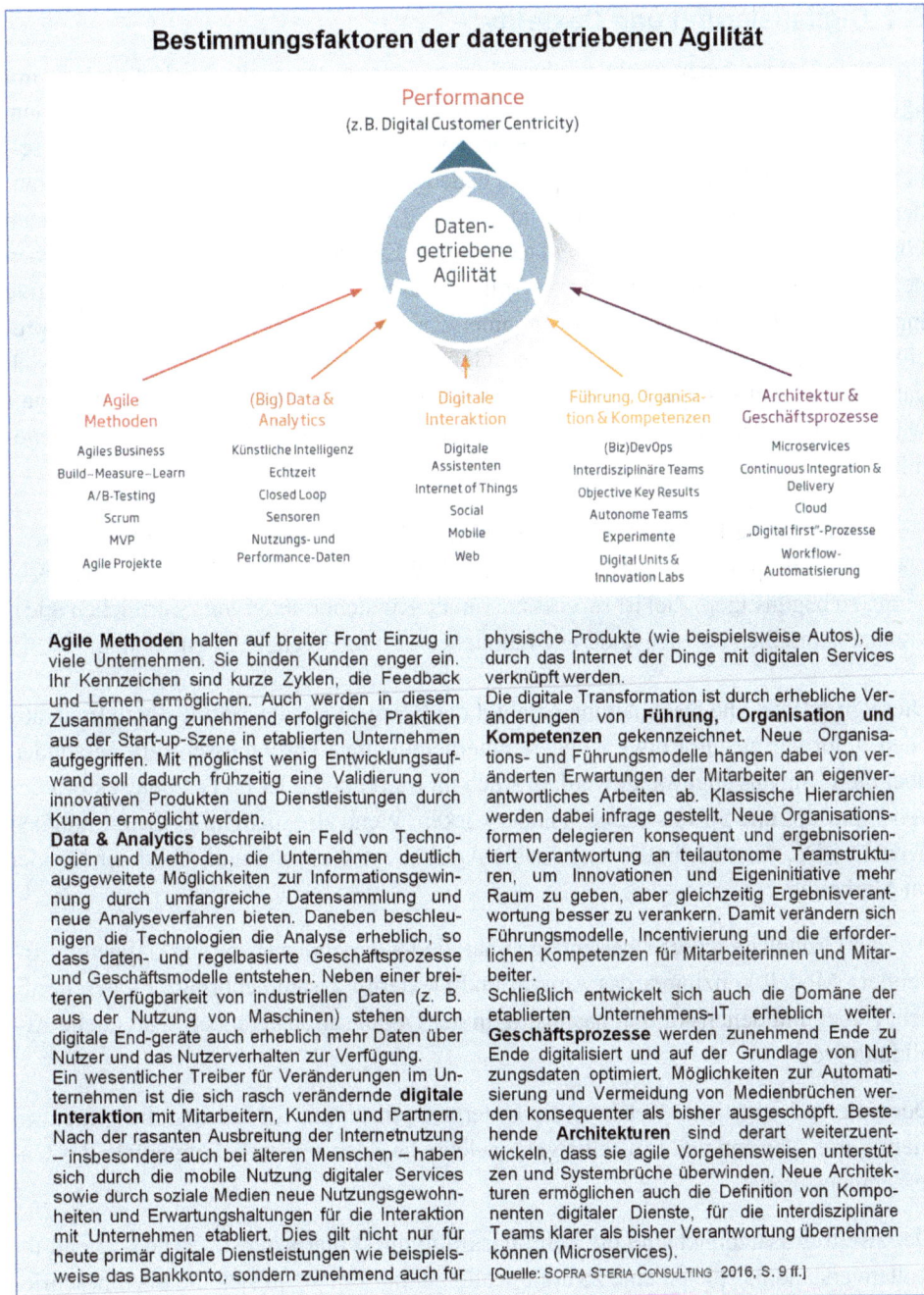

Abb. 9-5:   Bestimmungsfaktoren der datengetriebenen Agilität

9.4 Digitalisierung und Dexterity

Für viele Unternehmen reicht es aber nicht aus, das firmenweite Toolset einfach mit agilen Methoden zu füllen, um sich auf Trends und Kundenanforderungen einzustellen. Die Nutzung agiler Methoden ist das eine, aber sie innerlich zu bejahen und sie in seinem Denken und Handeln zu verankern, bedeutet weitaus mehr. Instrumentell verstandene Agilität ist zu eindimensional, als dass sie Unternehmen in die Lage versetzen könnte, mit der wirtschaftlichen und technischen Entwicklung Schritt zu halten. Neben dem rein instrumentellen Einsatz von Agilität müssen eine offene Haltung, eine positive innere Einstellung zu Veränderungen, eine souveräne Mitarbeiterführung mit entsprechender Wertschätzung hinzukommen. Gefragt ist also generell die Fähigkeit, sich ganzheitlich und rasch an Veränderungen anzupassen. Und genau diese Eigenschaft wird als **Organizational Dexterity** bezeichnet [vgl. hierzu und im Folgenden Capgemini 2019].

> **Dexterity** ist die Fähigkeit einer Organisation, Innovationen durch die fortlaufende Reflexion der ihr zugrunde liegenden Arbeitsweise anzustreben und ihre Entwicklung zu begünstigen. Ziel ist es, eine maximale Kundenorientierung zu erreichen und schnellstmöglich auf sich ändernde Kundenerwartungen reagieren zu können.

Diese grundsätzliche Denkhaltung befähigt die Belegschaft, die Märkte durch Innovationen zu formen anstatt Entwicklungen hinterherzulaufen. Dazu müssen agile Methoden über die IT hinaus angewandt werden. Auch im Marketing oder im Personalsektor können Stand-ups und Sprints kleine Wunder wirken. Wenn also nicht im größeren Rahmen gedacht wird, dann bleibt die angestrebte Agilität ein Wunschtraum, ob in der IT oder im Marketing.

Auf der Grundlage dieser Überlegungen hat die Unternehmensberatung Capgemini Invent ein Modell konzipiert, das Agilität und Dexterity zusammenbringt. Es beschreibt acht Hebel, mit denen Agilität nachhaltig in der Organisation verankert wird (siehe Abbildung 9-6).

Der erste und wichtigste Hebel ist die Unternehmenskultur. Sie umfasst die gemeinsamen Werte, Normen und Einstellungen, welche die Zusammenarbeit innerhalb des Unternehmens prägen.

Der zweite Ansatzpunkt sind die Führungskräfte und Mitarbeiter. Ihre Haltung und ihr Rollenverständnis spielen eine zentrale Rolle bei der Frage, ob sich die oben beschriebene Unternehmenskultur etablieren kann oder nicht.

Der dritte Hebel, für den Dexterity steht, ist die Governance-Struktur. Damit sind die Grundsätze, Mechanismen, Zuständigkeiten und Regeln für die Steuerung und Entscheidungsfindung im Unternehmen gemeint.

Einen vierten Schalthebel, um die Dexterity in Unternehmen zu steigern, stellen die Prozesse dar. Hier muss der richtige Balancepunkt zwischen dem Grad ihrer Standardisierung und dem gewährten Bewegungsspielraum für ad hoc-Maßnahmen und Innovation gefunden werden.

Die Struktur eines Unternehmens wird zumeist anhand von Positionen und Funktionen beschrieben. Hier hingegen werden Fähigkeiten und Rollen der Organisationsmitglieder sowie die Intensität ihrer Zusammenarbeit in den Vordergrund gestellt.

Eine hohe Datenkompetenz ist das Kennzeichen aller Unternehmen, die sich in den vergangenen zehn Jahren vom Start-up zum Big Player entwickelt haben. Die Geschäftsmodelle gründen auf der Sammlung, Analyse und Aufbereitung von Daten, um schnelle und zielführende Entscheidungen treffen zu können.

Das Arbeitsumfeld spielt eine wichtige Rolle, wenn es darum geht, Strukturen, Prozesse und Datenkompetenz im Unternehmen zu unterstützen. Vor allem die digitale Arbeitsplatzgestaltung ist für einen reibungslosen Daten- und Informationsaustausch sowie für die interdisziplinäre Zusammenarbeit von großer Bedeutung.

Das richtige Ökosystem lässt sich in einem Satz beschreiben: Das Ganze ist mehr als die Summe seiner Teile. Das heißt, das Unternehmen betrachtet sich nicht isoliert und strebt einseitig seinen Vorteil an, sondern sieht sich als Teil eines größeren Ganzen und kooperiert darin mit anderen Unternehmen wie Start-ups, Inkubatoren und Wettbewerbern.

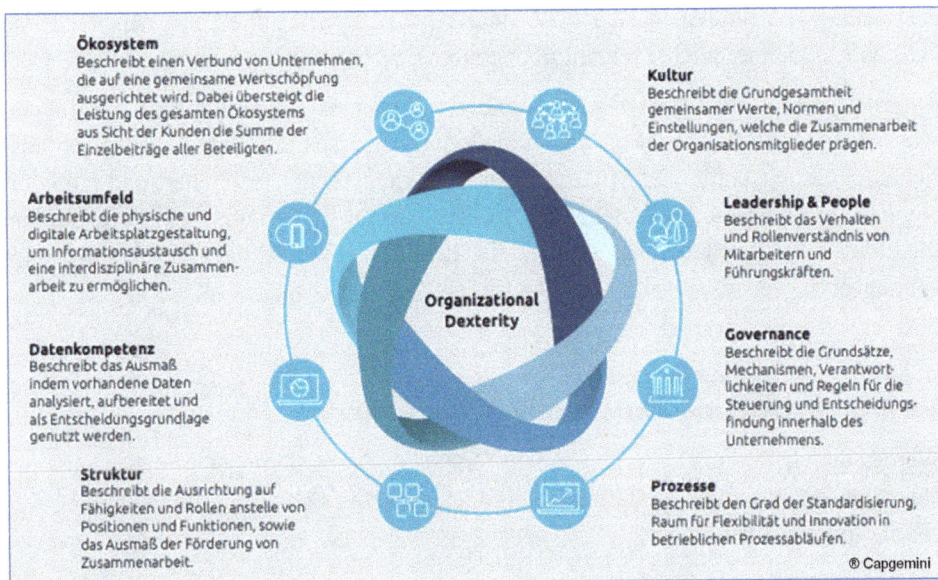

Ökosystem
Beschreibt einen Verbund von Unternehmen, die auf eine gemeinsame Wertschöpfung ausgerichtet wird. Dabei übersteigt die Leistung des gesamten Ökosystems aus Sicht der Kunden die Summe der Einzelbeiträge aller Beteiligten.

Kultur
Beschreibt die Grundgesamtheit gemeinsamer Werte, Normen und Einstellungen, welche die Zusammenarbeit der Organisationsmitglieder prägen.

Arbeitsumfeld
Beschreibt die physische und digitale Arbeitsplatzgestaltung, um Informationsaustausch und eine interdisziplinäre Zusammenarbeit zu ermöglichen.

Leadership & People
Beschreibt das Verhalten und Rollenverständnis von Mitarbeitern und Führungskräften.

Datenkompetenz
Beschreibt das Ausmaß indem vorhandene Daten analysiert, aufbereitet und als Entscheidungsgrundlage genutzt werden.

Governance
Beschreibt die Grundsätze, Mechanismen, Verantwortlichkeiten und Regeln für die Steuerung und Entscheidungsfindung innerhalb des Unternehmens.

Organizational Dexterity

Struktur
Beschreibt die Ausrichtung auf Fähigkeiten und Rollen anstelle von Positionen und Funktionen, sowie das Ausmaß der Förderung von Zusammenarbeit.

Prozesse
Beschreibt den Grad der Standardisierung, Raum für Flexibilität und Innovation in betrieblichen Prozessabläufen.

® Capgemini

Abb. 9-6:   Das Capgemini Invent Organizational Dexterity Modell

10. Digitalisierung und Change

> *Es ist nicht die stärkste Spezies die überlebt, auch nicht die Intelligenteste, es ist diejenige, die sich am ehesten dem* Wandel *anpassen kann. [Charles Darwin]*

Wandel ist immer und ewig. Die digitale Transformation ist im Prinzip nur eine bestimmte Ausprägung des Wandels. Veränderungen sind für unsere Unternehmen eine Daueraufgabe. Der Grund: Ohne Veränderung gibt es keinen Erfolg, kein Wachstum, keine Weiterentwicklung. Allerdings ist die Veränderung lediglich Voraussetzung, aber nicht Garant für den Erfolg. Denn Veränderungen wie zum Beispiel Unternehmenszusammenschlüsse können auch schief gehen. Sie werden zwar zumeist von außen angestoßen, aber sie werden von innen gefördert oder auch – und das zuweilen durchaus zu Recht – von innen gebremst. Wandel ist somit zu einer **Daueraufgabe** geworden, der sich Führungskräfte und Mitarbeiter jederzeit und immer wieder stellen müssen.

Das **Veränderungsmanagement** (engl. *Change Management*) steuert und begleitet kulturelle, strukturelle und organisatorische Veränderungen im Unternehmen, um die Risiken zu reduzieren, die sich durch Veränderung und Transformation ergeben können.

Dabei steht die Umsetzung von neuen Strategien, Strukturen, Systemen oder Verhaltensweisen im Vordergrund. Bei digitalen Transformationen, Restrukturierungen, umfassenden Prozessveränderungen, der Implementierung von ERP-Systemen, der Neuausrichtung von Strategien oder Post-Merger-Integrationen gilt es, das entsprechende Geschäftsmodell möglichst schnell in operative Ergebnisse umzuwandeln.

Entscheidend für den Erfolg einer notwendigen Umsetzungsmaßnahme ist, wie gut und wie schnell sich Mitarbeiter an die Veränderung anpassen und ihre Arbeit daran ausrichten. Führungskräfte und Mitarbeiter müssen zielgerichtet mobilisiert und motiviert werden, damit sie die bevorstehenden Veränderungen mitgestalten und vorantreiben. Flexibilität und Veränderungsfähigkeit ist demnach ein wichtiger Erfolgsfaktor im Wettbewerb.

10.1 Ursachen und Aktionsfelder von Change

Werden die vielfältigen Ursachen, die als Gründe für Veränderungen immer wieder genannt werden, zusammengestellt und geordnet, so lassen sich zwei grundlegende **Ursachenkomplexe** ausmachen:

Externe Ursachen, die von *außen* auf die Organisation als Problemdruck wirken. Zu den wichtigsten unternehmensexternen Einflüssen zählen der Druck des Marktes und des Wettbewerbs, Firmenübernahmen sowie technologische Veränderungen.

https://doi.org/10.1515/9783110705959-011

Hinzu kommt ein gesellschaftlicher Wertewandel, der hierzulande besonders durch ein vergleichsweise hohes Bildungs- und Wohlstandsniveau beeinflusst wird.

Interne Ursachen, die von *innen* als Problemdruck auf die Organisation wirken. Interne Auslöser für Veränderungsprozesse können Fehlentscheidung der Vergangenheit, Kostendruck, Wachstumsinitiativen, eine Neuformulierung der Unternehmensstrategie oder neue Managementkonzepte sein.

Daraus lassen sich **erste Auswirkungen** ableiten, die sich unmittelbar in Programmen konkretisieren und in Abbildung 10-1 ohne Anspruch auf Vollständigkeit aufgeführt sind.

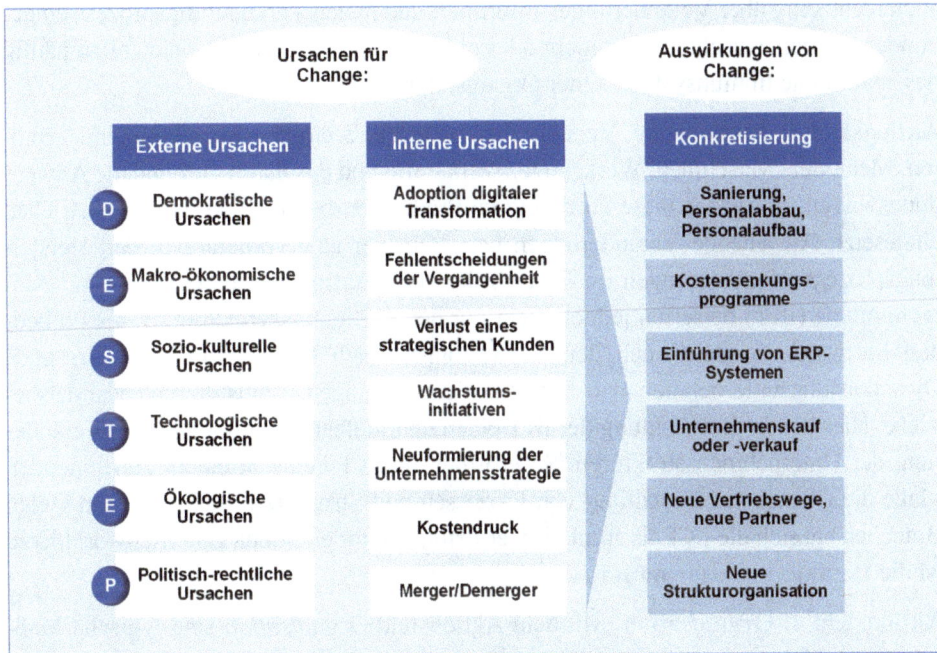

Abb. 10-1: Ursachen und Auswirkungen von Change

Veränderungsprozesse mit einer großen Reichweite und Tiefe für Aufbau-, Ablauf- und Prozessstrukturen werden auch als **transformativer Wandel** bezeichnet und sollten nicht isoliert betrachtet werden. Vielmehr ist dafür Sorge zu tragen, dass die erkannten Ursachen und die geplanten Veränderungsmaßnahmen in dem dynamischen Gesamtzusammenhang der vier **Aktionsfelder des Change** zu sehen sind [vgl. VAHS 2009, S. 334 ff.]:

Aktionsfeld 1: Strategie. Die Strategie – also der Weg zum Ziel – wird durch bereits eingetretene oder noch zu erwartende Veränderungen beeinflusst. Erfolgt die Strategie reaktiv, so spricht man von einer *Anpassungsstrategie*. Sie kann aber auch aktiv als *In-*

novationsstrategie formuliert werden. In Bezug auf die Reichweite der in den Veränderungsprozess einbezogenen Strategieebenen kann zwischen *Unternehmensstrategie,* *Geschäftsbereichsstrategien* oder *Funktionsbereichsstrategien* unterschieden werden. Unabhängig von den einbezogenen Unternehmensebenen wirkt die Formulierung einer neuen Strategie nicht nur nach *außen,* sondern auch nach *innen,* d. h. sie bleibt in aller Regel nicht ohne Auswirkungen auf die bestehenden Organisationsstrukturen.

Aktionsfeld 2: Kultur. Gegenüber den „harten" Faktoren gewinnt die Unternehmenskultur als „weiches" Aktionsfeld für ein erfolgreiches Veränderungsmanagement zunehmend an Bedeutung. Mitarbeiter erwarten abwechslungsreiche und verantwortungsvolle Aufgaben, die Freiräume für ihre persönliche Entfaltung bieten. Daher müssen sie auch rechtzeitig über Veränderungen informiert und in den Veränderungsprozess eingebunden werden. Geschieht dies nicht oder nicht rechtzeitig, so meldet sich allzu häufig das „natürliche Immunsystem" einer Organisation.

Aktionsfeld 3: Technologie. Versteht man unter *Technologie* ganz allgemein Verfahren, Methoden, Maschinen, Werkzeuge, Werkstoffe und das damit verbundene Anwendungswissen, so werden diese vorrangig im Produktionsbereich von Industriebetrieben eingesetzt. Anstehende Veränderungen betreffen hier also vornehmlich den Herstellungsprozess. Veränderungen im Bereich der **Informations- und Kommunikationstechnologie** (IKT) betreffen jedoch nicht nur den Fertigungsbereich (z. B. als Embedded Software), sondern auch den Verwaltungsbereich sowie ganz besonders auch Dienstleistungsunternehmen wie Banken, Versicherungen, Logistik- und Handelsbetriebe. Hier hat die Entwicklung der IKT einen unmittelbaren Einfluss auf die Veränderung der Unternehmensstrukturen. So eröffnet die IKT heute in einem zunehmenden Maße die Chance zur Gestaltung von Prozessen und Strukturen. Mehr noch, in vielen Branchen hat sich die IKT als strategischer Erfolgsfaktor entpuppt. Ein Stichwort hierzu ist die **Digitale Transformation.**

Aktionsfeld 4: Organisation. Mit dem Aktionsfeld *Organisation* sind typische Maßnahmen der **Reorganisation** von Unternehmen angesprochen. Dazu zählen der Abbau von Hierarchieebenen ebenso wie die Einrichtung von Cost- und Profit-Centern oder der Übergang von einer funktionalen zu einer prozessorientierten Struktur. **Restrukturierungsmaßnahmen** (engl. *Restructuring*) sind die konsequenteste Form eines transformativen Wandels, wenn eine strategische Neuausrichtung andere Strukturen verlangt.

Aktionsfeld 5: Kommunikation. Das fünfte und wohl wichtigste Aktionsfeld ist die *Kommunikation.* Eine rechtzeitige, klare und offene Information der Organisationsmitglieder über die Ursachen, Ziele und Fortschritte des Wandels stellt sicher, dass die Gründe für die Einleitung eines Veränderungsprozesses auch verstanden werden. Führungskräfte und Mitarbeiter werden sich nur dann für den Wandel einsetzen, wenn sie ausreichend über das Veränderungsvorhaben informiert sind und den Gesamtzusammenhang zur Unternehmens- bzw. Marktstrategie kennen. Denn: *Ein gut informierter Mitarbeiter ist zumeist auch ein guter Mitarbeiter.*

10.2 Promotoren und Opponenten

Für jedes Unternehmen ist es von existentieller Bedeutung, die Treiber und Bremser von Veränderungen, die es nahezu in jeder Abteilung gibt, zu kennen. Mitarbeiter, die Veränderungen (wie z.B. Wachstumsinitiativen, Merger/Demerger, organisatorische Neuformierung) eher fördern und unterstützen, werden als Promotoren bezeichnet. Bremser dagegen – und die sind zumeist in der Mehrzahl – verhindern oder verlangsamen den Veränderungsprozess. Sie sind die Opponenten. Doch Opponenten müssen nicht von vornherein Unrecht haben. Im Gegenteil, viele Beispiele zeigen, dass die Motive für eine ablehnende Haltung im Vorfeld hätten ernster genommen werden müssen.

Promotoren und vor allem Opponenten aufzuspüren, ist also eine sehr wichtige Aufgabe für das Top-Management, denn die geplanten Veränderungen sollen Wachstum oder wenigstens Stabilität mit sich bringen – sonst hätte man sie ja nicht initiiert. Wachstum entsteht zwar am Markt und wird von diesem angestoßen, doch der eigentliche Wachstumsprozess wird von innen gefördert oder von innen gebremst.

Promotoren und Opponenten lassen sich folgendermaßen klassifizieren [vgl. LIPPOLD 2019b]:

Machtpromotoren bzw. -opponenten beeinflussen den Veränderungsprozess aufgrund ihrer hierarchischen Stellung in der Organisation.

Fachpromotoren bzw. -opponenten nehmen Einfluss aufgrund ihrer entsprechenden fachlichen Expertise und ihres Informationsstands.

Prozesspromotoren bzw. -opponenten sind Bindeglied zwischen Macht- und Fachebene und zumeist die größte und wichtigste Gruppe.

Prozesspromotoren beeinflussen den Veränderungsprozess aufgrund der formellen Kommunikationswege, in dem sie Verbindungen zwischen Macht- und Fachpromotoren herstellen und dadurch Barrieren überwinden. Prozessopponenten dagegen konzentrieren sich mehr auf die informellen Kommunikationsbeziehungen und behindern den Veränderungsprozess, in dem sie organisatorische und fachliche Hindernisse errichten und Verbindungen zwischen Machtopponenten und Fachopponenten herstellen.

Da die Opponenten bzw. Bremser sehr häufig am längeren Hebel sitzen, gilt es, solche informellen Strukturen zu erkennen und aufzubrechen. Den Führungskräften kommt dabei eine ganz wesentliche Vorbildfunktion zu, um die Mitarbeiter als Träger des Wachstums zu begeistern.

Ein Lösungsansatz sind **altersgemischte Führungsteams**, die idealerweise aus drei Gruppen bestehen:

Junge Führungskräfte sorgen für neues Denken und neue Ideen. Sie sind offener für digitale Entwicklungen, zeigen mehr Mut zu grundlegenden Veränderungen und legen ein anderes Tempo vor. Die Jungen öffnen vor allem Türen zu neuen Technologien.

Die zweite Gruppe sind **erfahrene „Quereinsteiger"** aus anderen Unternehmen. Sie leiden nicht unter Betriebsblindheit und haben aufgrund ihrer Seniorität mehr Durchsetzungsvermögen bei Veränderungen.

Bestehende Produkte hingegen werden vor allem von der dritten Gruppe, den **älteren Führungskräften** vorangetrieben. Sie haben die notwendige Erfahrung, Weitsicht und Durchsetzungskraft. Diese drei Gruppen können sich perfekt ergänzen und so die informellen Strukturen der Opponenten aufbrechen.

10.3 Digitalisierung und Widerstand

Jede Veränderung löst Verunsicherung, teilweise sogar Ängste und das Gefühl von Kontrollverlust bei den Mitarbeitern aus. Sie wissen nicht, was auf sie zu kommt, wie sie sich in der neuen Situation oder während der Übergangsphase verhalten sollen. So sind Widerstände (engl. *Resistance to Change*) ganz normale und unvermeidliche Begleiterscheinungen von Veränderungsprozessen.

Nun wird es gegen die Digitalisierung per se – also aus der Sicht der Nutzer – keine Widerstände geben. Zu groß sind die Vorteile gegenüber alten Technologien. Was ist jedoch, wenn die Digitalisierung im Unternehmen dort zur Anwendung kommt, wo alte (alteingefahrene) und funktionierende Prozesse abgelöst werden sollen? Was ist, wenn die digitale Transformation neue Geschäftsmodelle erfordert, von deren Nutzen die Mitarbeiter aber nicht überzeugt sind?

Solche Widerstände lassen sich auf fehlende Akzeptanz und Perspektiven, auf fehlende Qualifikation, auf fehlendes Verständnis für den Veränderungsdruck oder auf fehlerhafte Kommunikation zurückführen.

Jede Veränderung wird von Widerständen begleitet. Ob es sich um Sanierung und Personalabbau, um die Einführung von ERP-Systemen oder um Unternehmenskauf oder -verkauf handelt, in jedem Fall werden im Umfeld solcher Veränderungen Widerstände aufgebaut. Widerstände sind also so etwas wie der **Zwillingsbruder** der Veränderung. Derartige Barrieren haben – um im familiären Bild zu bleiben – in aller Regel vier „Väter" (siehe Abbildung 10-2):

Der erste "Vater" ist das **Nicht-Wollen**. Hierbei handelt es sich um **Willensbarrieren** bei den beteiligten und betroffenen Mitarbeitern. Die Angst vor Veränderung und der Wunsch, am Status quo festzuhalten, führen zu einer ablehnenden Haltung gegenüber der geplanten Veränderung. Dabei können sachliche, persönliche oder auch machtpolitische Gründe eine Rolle spielen. Fehlende Akzeptanz und fehlende Perspektive führen beim „Nicht-Wollen" also zu einer Ablehnung gegenüber der Veränderung.

Der zweite „Vater" ist das **Nicht-Können**. Häufig sind es neue Technologien oder auch Defizite bei den Fremdsprachen, die zu **Fähigkeitsbarrieren** führen. Letztlich werden mit einer Veränderung völlig neue Ziele angesteuert, die vielleicht mit traditioneller Technik oder ohne Englischkenntnisse nicht erreichbar sind. Da intensives Um- und Weiterlernen gefragt ist, führt das „Nicht-Können" zu einer Blockade oder Störung des Wandels aus Angst vor dem Versagen.

Der dritte „Vater" ist das **Nicht-Wissen**. Für den Nicht-Wissenden ist der neue Zustand ungewiss; er ist nicht davon überzeugt, dass es mit der Veränderung besser wird. Er baut **Wissensbarrieren** auf. Fehlende Informationen über Gründe und Durchführung der geplanten Veränderung – meist hervorgerufen durch eine falsche Kommunikationspolitik – ziehen eine Ablehnung des Wandels nach sich. Das fehlende Verständnis für die Vorteile der Neuformierung führt somit zu einem Mangel an Kontrolle.

Der vierte und letzte „Vater" ist das **Nicht-Dürfen**. Mitarbeiter und Führungskräfte, die wissen, können und wollen, werden nicht zur Veränderung beitragen, wenn sie nicht dürfen. Das heißt, es gibt eine Veränderungsbereitschaft, ja manchmal sogar ein Veränderungsdrang, der aber unterbunden wird. Letztlich geht es hierbei um Ressourcen, die nicht vorhanden sind oder die für den Veränderungsprozess nicht bereitgestellt werden.

Abb. 10-2: Die „vier Väter" der Widerstandsbarrieren

Bleibt die Frage, wie man den Nicht-Wollenden, den Nicht-Könnenden, den Nicht-Wissenden und den Nicht-Dürfenden am besten begegnet, um der geplanten Veränderung zum Erfolg zu verhelfen.

Willensbarrieren lassen sich damit abbauen, dass man solche Mitarbeiter aktiv in den Veränderungsprozess einbindet, Fehler zulässt und eine anreizkompatible Organisationslösung einrichtet, bei der die Mitarbeiter durch Erfüllung der gestellten Aufgabe auch ihre eigenen Ziele erreichen können.

Fähigkeitsbarrieren begegnet man mit einer raschen Qualifizierung der Betroffenen. Sind solche Qualifizierungen nicht mehr möglich, so sind langjährige Arbeits- und Sozialbeziehungen ebenso zu berücksichtigen wie der Schutz von Personen, die vom Wandel negativ betroffen sind.

Wissensbarrieren sind relativ leicht abzubauen. Eine rechtzeitige und offene Information der Organisationsmitglieder über die Ursachen, Ziele und Fortschritte des Wandels stellt sicher, dass die Gründe für die Einleitung eines Veränderungsprozesses auch verstanden werden. Führungskräfte und Mitarbeiter werden sich nur dann für den Wandel einsetzen, wenn sie ausreichend über das Veränderungsvorhaben informiert sind und den Gesamtzusammenhang zur Unternehmens- bzw. Marktstrategie kennen. Alle Beteiligten und Betroffenen müssen mit geeigneten Kommunikationsmitteln und -maßnahmen angesprochen werden, um ein konsistentes Bild der Veränderung zu erzeugen.

Ressourcenbarrieren sind wohl am leichtesten abzubauen, wenn man über die entsprechenden finanziellen Mittel verfügt. Zu diesen Barrieren zählen aber nicht nur finanzielle und zeitliche Restriktionen, sondern auch mangelnde Unterstützung durch unwillige Führungskräfte. Der Aufbau eines vertrauensvollen Kommunikations- und Arbeitsklimas, das ein laufendes Feedback über den Veränderungsprozess fordert und in die Maßnahmengestaltung einfließen lässt, ist somit eine ganz wichtige Voraussetzung für den erfolgreichen Unternehmenswandel.

10.4 Digitalisierung und Reaktionstypen

Hinsichtlich der Reaktionen auf geplante Veränderungen lassen sich unterschiedliche Personengruppen unterscheiden. Etwa ein Drittel der Betroffenen steht den Veränderungen offen und positiv gegenüber, ein Drittel verhält sich abwartend und neutral und das letzte Drittel lehnt den Wandel leidenschaftlich ab. Differenziert man diese Einteilung weiter, so können sieben Typen von Personen in Verbindung mit Veränderungsreaktionen ausgemacht werden, wobei eine Normalverteilung der einzelnen Typen unterstellt wird [vgl. Vahs 2009, S. 344 ff. unter Bezugnahme auf Krebsbach-Gnath 1992, S. 37 ff.]:

Visionäre und Missionare. Diese eher kleine Schlüsselgruppe gehört in der Regel dem Top-Management an und haben die Ziele und Maßnahmen des geplanten Wandels mit erarbeitet oder mit initiiert. Sie sind vom Veränderungserfolg überzeugt und versuchen nun, die übrigen Organisationsmitglieder von der Notwendigkeit der Veränderung zu überzeugen.

Aktive Gläubige. Auch diese Personengruppe akzeptiert den bevorstehenden Wandel und ist bereit, ihre ganze Arbeits- und Überzeugungsarbeit einzusetzen, um die Ziele und neuen Ideen in die Organisation zu tragen.

Opportunisten. Sie wägen zunächst einmal ab, welche persönlichen Vor- und Nachteile der Wandel für sie bringen kann. Gegenüber ihren veränderungsbereiten Vorgesetzten äußern sie sich positiv, gegenüber ihren Kollegen und Mitarbeitern eher zurückhaltend und skeptisch.

Abwartende und Gleichgültige. Diese größte Personengruppe zeigt eine sehr geringe Bereitschaft, sich aktiv an der Veränderung zu beteiligen. Sie wollen erst einmal Erfolge sehen und eine spürbare Verbesserung ihrer persönlichen Arbeitssituation erfahren.

Untergrundkämpfer. Sie gehen verdeckt vor und betätigen sich als Stimmungsmacher gegen die Neuerungen.

Offene Gegner. Diese Gruppe von Widerständlern, der es um die Sache und nicht um persönliche Privilegien geht, zeigt ihre ablehnende Haltung offen. Sie argumentiert mit „offenem Visier" und ist davon überzeugt, dass die Entscheidung falsch und der eingeschlagene Weg nicht zielführend ist.

Emigranten. Diese eher kleine Gruppe hat sich entschlossen, den Wandel keinesfalls mitzutragen und verlässt das Unternehmen. Häufig handelt es sich dabei um Leistungsträger, die nach der Veränderung keine ausreichende Perspektive für sich sehen.

In Abbildung 10-3 sind die typischen Einstellungen gegenüber dem organisatorischen Wandel als Normalverteilung derart dargestellt, dass auf der Abszisse die Veränderungsbereitschaft von links (Begeisterung, Zustimmung) nach rechts (Skepsis, Ablehnung) immer weiter abnimmt. Allerdings muss auch hierzu angemerkt werden, dass die unterstellte Normalverteilung durchaus plausibel erscheint, empirisch aber nicht abgesichert ist.

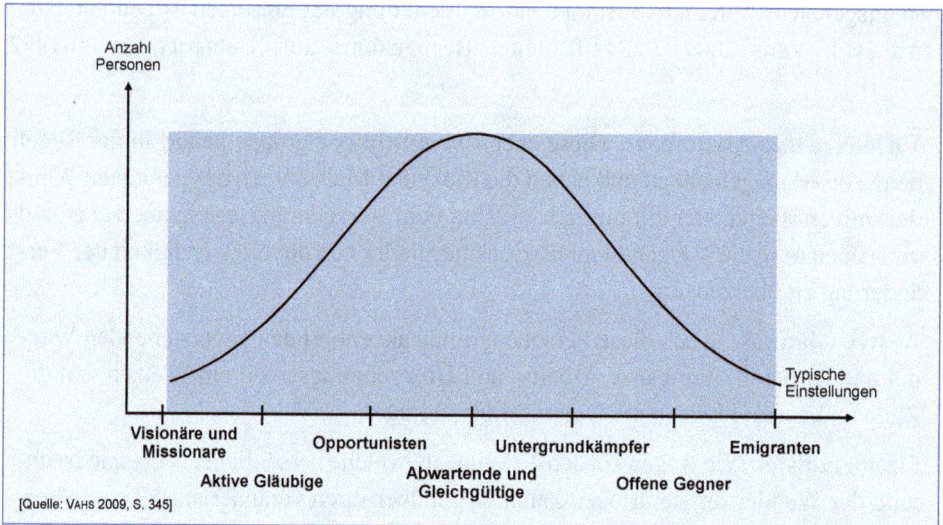

Abb. 10-3: Typische Einstellungen gegenüber dem organisatorischen Wandel

Jede Veränderung ist ein Prozess, der zweckmäßiger Weise in folgenden fünf Phasen ablaufen sollte [vgl. KRÜGER 2002, S. 49]:

Initialisierung, d. h. der Veränderungsbedarf wird festgestellt und die Veränderungsträger müssen informiert werden,

Konzipierung, d. h. die Ziele der Veränderung sind festzulegen und die entsprechenden Maßnahmen zu entwickeln,

Mobilisierung, d. h. das Veränderungskonzept muss kommuniziert und Veränderungsbereitschaft und Veränderungsfähigkeit geschaffen werden,

Umsetzung, d. h. die priorisierten Veränderungsvorhaben sind durchzuführen und Folgeprojekte anzustoßen,

Verstetigung, d. h. die Veränderungsergebnisse müssen verankert und Veränderungsbereitschaft und -fähigkeit abgesichert werden.

10.5 Erfolgsfaktoren von Change-Projekten

Generell sind es drei Voraussetzungen, die den Erfolg von Change-Projekten bestimmen [vgl. REGER 2009, S. 14]:

Veränderungsbedarf, d. h. die grundsätzliche Erkenntnis und Überzeugung, dass eine Veränderung zu einer besseren Ausgangssituation führt und damit wettbewerbsrelevant ist.

Veränderungsfähigkeit, d. h. das Potenzial von Führungskräften und Mitarbeitern, die Veränderung erfolgreich umzusetzen.

Veränderungsbereitschaft, d. h. den Willen aller Beteiligten und Betroffenen zur Umsetzung.

Nur wenn alle drei Voraussetzungen zusammenkommen, hat das Change Management „leichtes Spiel".

In Abbildung 10-4 sind die Beziehungszusammenhänge von Veränderungsbedarf, -fähigkeit und -bereitschaft dargestellt.

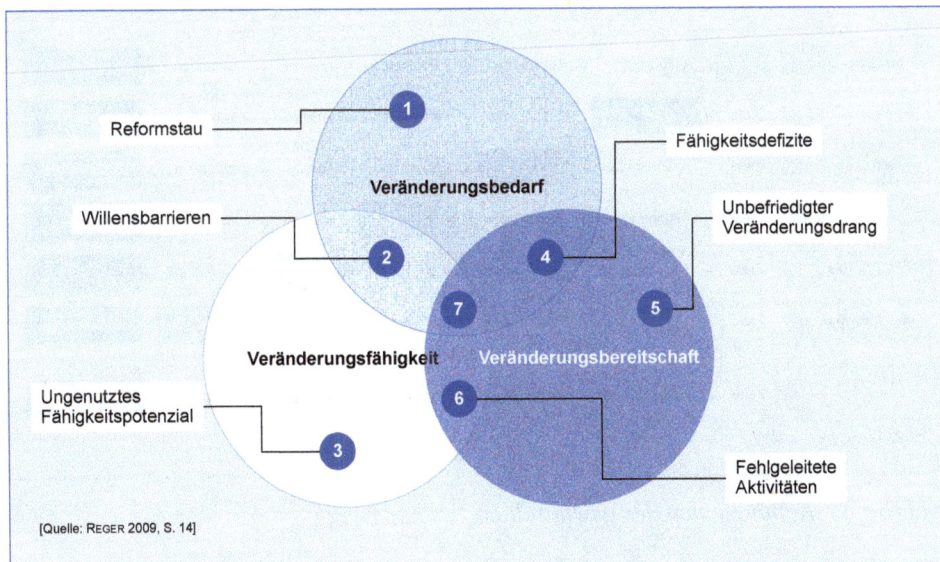

Abb. 10-4: Zusammenhang von Veränderungsbedarf, -fähigkeit und -bereitschaft

Ein wichtiger Bestandteil des Change ist eine klare, konsequente und konsistente **Kommunikation**. Eine rechtzeitige und offene Information der Organisationsmitglieder über die Ursachen, Ziele und Fortschritte des Wandels stellt sicher, dass die Gründe für die Einleitung eines Veränderungsprozesses auch verstanden werden. Führungskräfte und

Mitarbeiter werden sich nur dann für den Wandel einsetzen, wenn sie ausreichend über das Veränderungsvorhaben informiert sind und den Gesamtzusammenhang zur Unternehmens- bzw. Marktstrategie kennen. Alle Beteiligten und Betroffenen müssen mit geeigneten Kommunikationsmitteln und -maßnahmen angesprochen werden, um ein konsistentes Bild der Veränderung zu erzeugen. Der Aufbau eines vertrauensvollen Kommunikations- und Arbeitsklimas, das ein laufendes Feedback über den Veränderungsprozess fordert und in die Maßnahmengestaltung einfließen lässt, ist somit eine ganz wichtige Voraussetzung für den erfolgreichen Unternehmenswandel [vgl. Vahs 2009, S. 355].

Jedes Change-Team sollte sich darüber im Klaren sein, dass sich ohne Ziele, Aktionspläne, Ressourcen, Fähigkeiten, Anreize und Informationen die gewünschte Veränderung nicht einstellen wird. Im Gegenteil, fehlt bereits eine dieser Komponenten, so ist Aktionismus, Chaos, Frustration, Angst oder Verwirrung vorprogrammiert.

Abbildung 10-5 zeigt sehr anschaulich, was das Fehlen einzelner Komponenten im Change-Prozess bewirken kann. Besonders deutlich werden diese Effekte, wenn man die Ursachen fehlgeschlagener Change-Projekte analysiert.

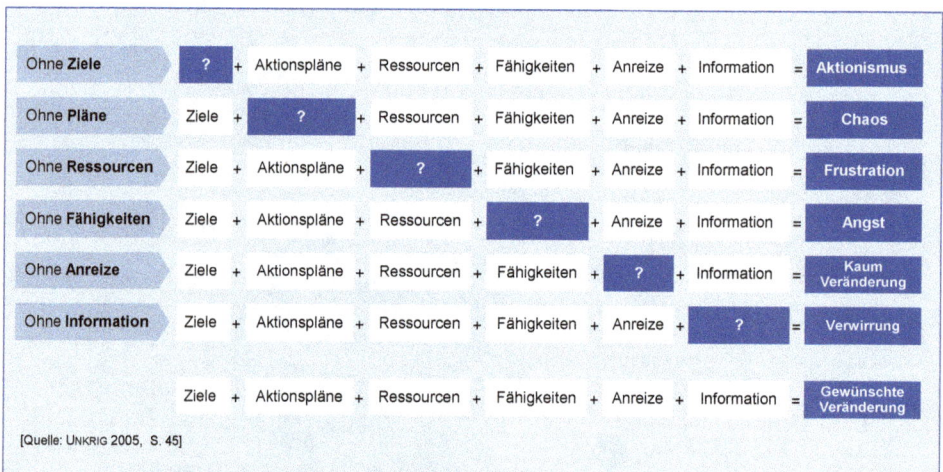

Ohne **Ziele**	**?**	+	Aktionspläne	+	Ressourcen	+	Fähigkeiten	+	Anreize	+	Information	=	**Aktionismus**
Ohne **Pläne**	Ziele	+	**?**	+	Ressourcen	+	Fähigkeiten	+	Anreize	+	Information	=	**Chaos**
Ohne **Ressourcen**	Ziele	+	Aktionspläne	+	**?**	+	Fähigkeiten	+	Anreize	+	Information	=	**Frustration**
Ohne **Fähigkeiten**	Ziele	+	Aktionspläne	+	Ressourcen	+	**?**	+	Anreize	+	Information	=	**Angst**
Ohne **Anreize**	Ziele	+	Aktionspläne	+	Ressourcen	+	Fähigkeiten	+	**?**	+	Information	=	**Kaum Veränderung**
Ohne **Information**	Ziele	+	Aktionspläne	+	Ressourcen	+	Fähigkeiten	+	Anreize	+	**?**	=	**Verwirrung**
	Ziele	+	Aktionspläne	+	Ressourcen	+	Fähigkeiten	+	Anreize	+	Information	=	**Gewünschte Veränderung**

[Quelle: UNKRIG 2005, S. 45]

Abb. 10-5: Komponenten der gewünschten Veränderung

In Abbildung 10-6 sind die häufigsten Ursachen für IT-Projekte, die die Erwartungen nicht erfüllt haben, aufgelistet. Daran wird deutlich, dass es im Wesentlichen immer wieder an der Vernachlässigung mindestens einer der o. g. Komponenten liegt, wenn Projekte nicht den gewünschten Erfolg bringen.

Konkret muss das Unternehmen Sorge dafür tragen, dass die Veränderung zu einer Anreiz-kompatiblen Organisationslösung führt, d. h. der Mitarbeiter sollte durch Erfüllung der gestellten Aufgabe auch seine eigenen Ziele erreichen können. Darüber hinaus ist die Motivation der Mitarbeiter auf ein gemeinsames Ziel auszurichten, um den Abbau von Blockaden zu erleichtern. Auch eine gezielte Steuerung der Erwartungen sowie eine entsprechende Qualifizierung der Mitarbeiter sind Grundlagen für einen erfolgreichen Change-Prozess.

Fazit: Eine der Veränderung positiv gegenüberstehende Unternehmenskultur, eine angemessene und zielgruppenorientierte Kommunikation sowie ein kompetentes Change Management-Team, das mit entsprechenden Ressourcen ausgestattet ist, bilden die wichtigsten Grundlagen für einen erfolgreichen Wandel im Unternehmen.

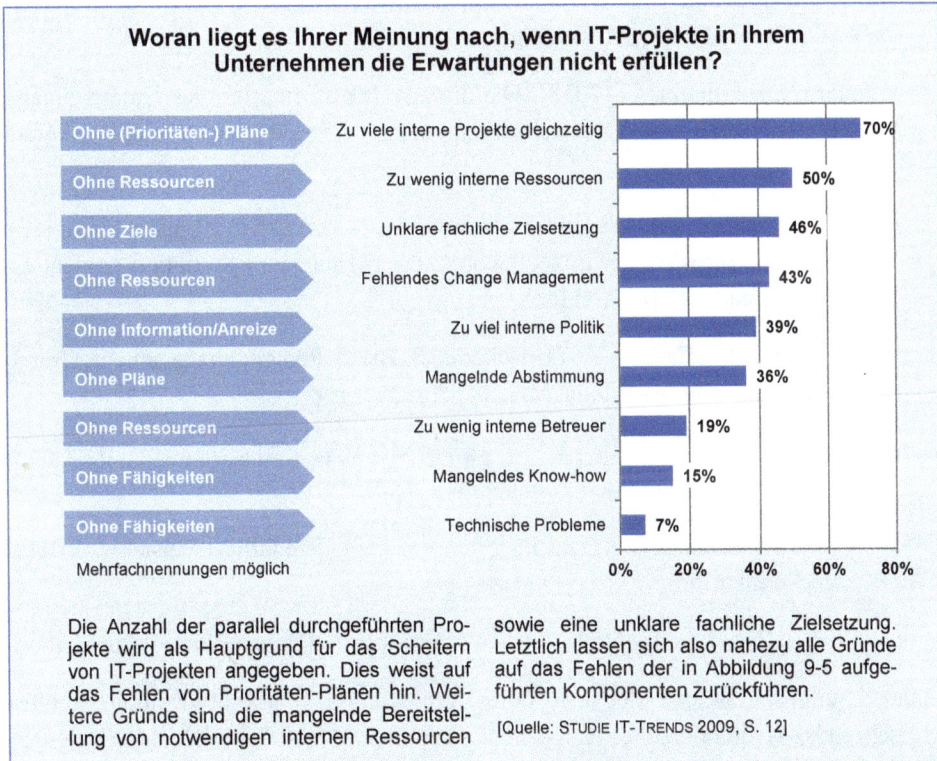

Woran liegt es Ihrer Meinung nach, wenn IT-Projekte in Ihrem Unternehmen die Erwartungen nicht erfüllen?

Ohne (Prioritäten-) Pläne	Zu viele interne Projekte gleichzeitig	70%
Ohne Ressourcen	Zu wenig interne Ressourcen	50%
Ohne Ziele	Unklare fachliche Zielsetzung	46%
Ohne Ressourcen	Fehlendes Change Management	43%
Ohne Information/Anreize	Zu viel interne Politik	39%
Ohne Pläne	Mangelnde Abstimmung	36%
Ohne Ressourcen	Zu wenig interne Betreuer	19%
Ohne Fähigkeiten	Mangelndes Know-how	15%
Ohne Fähigkeiten	Technische Probleme	7%

Mehrfachnennungen möglich

Die Anzahl der parallel durchgeführten Projekte wird als Hauptgrund für das Scheitern von IT-Projekten angegeben. Dies weist auf das Fehlen von Prioritäten-Plänen hin. Weitere Gründe sind die mangelnde Bereitstellung von notwendigen internen Ressourcen sowie eine unklare fachliche Zielsetzung. Letztlich lassen sich also nahezu alle Gründe auf das Fehlen der in Abbildung 9-5 aufgeführten Komponenten zurückführen.

[Quelle: STUDIE IT-TRENDS 2009, S. 12]

Abb. 10-6: Ursachen fehlgeschlagener IT-Projekte

Literatur

Albert, J.-G./Krumbier, L. (2014): Mit agiler Planung zum Erfolg – Inspirationen aus der Softwareentwicklung, in: https://www.denkmodell.de/hintergrund/agile-methoden/

Amerland, A. (2020): Deutsche Firmen lahmen bei der digitalen Transformation. In: https://www.springerprofessional.de/transformation/industrie-4-0/deutsche-firmen-lahmen-bei-der-digitalisierung/

Appelfeller, A./Feldmann, C. (2018): Die digitale Transformation des Unternehmens. Systematischer Leitfaden mit zehn Elementen zur Strukturierung und Reifegradmessung, Berlin 2018.

Aron-Weidlich, M. (2018): Digitale Transformation – braucht es deshalb eine andere Führung? In: https://www.linkedin.com/pulse/digitale-transformation-braucht-es-deshalbeine-martina-aron-weidlich/

Bartscher, T./Stöckl, J./Träger, T. (Bartscher et al. 2012): Personalmanagement. Grundlagen, Handlungsfelder, Praxis, München 2012.

Bergemann, B. (2019): Marketing 4.0. In: Erner, M. (Hrsg.): Management 4.0 – Unternehmensführung im digitalen Zeitalter, Wiesbaden 2019.

Bitkom (2012): Leitfaden Big-Data im Praxiseinsatz – Szenarien, Beispiele, Effekte (Bitkom-Publikation).

Bitkom (2014): Big-Data-Technologien – Wissen für Entscheider (Bitkom- Publikation)

Bitkom (2016): Zukunft der Consumer Technology. Marktentwicklung, Schlüsseltrends, Mediennutzung, Konsumentenverhalten, Neue Technologien (Deloitte / Bitkom-Publikation).

Bott, G. (2020): Marketing-Trenddossier. B2B Marketing 2020 – Visionen, Strategien, Trends, in: https://www.marconomy.de/b2b-marketing-2020-visionen-strategien-trends -a-893846/.

Buss, E. (2009): Managementsoziologie. Grundlagen, Praxiskonzepte, Fallstudien, 2. Aufl., München 2009.

BVDW (2018) – Bundesverband Digitale Wirtschaft (Hrsg.): Digitale Nutzung in Deutschland 2018. Abbildung der aktuellen digitalen Mediennutzung in Deutschland und Darstellung möglicher Trends, sowie Analyse des grundsätzlichen Verständnisses von Digitalisierung.

https://doi.org/10.1515/9783110705959-012

Capgemini (2019): Change Management Studie. Auf dem Sprung – Wege zur Organizational Dexterity, in: https://www.capgemini.com/de-de/wp-content/uploads/sites/5/2019/11/Change-Management-Studie-2019.pdf.

Cartwright, S./Cooper, C. L.1992: Mergers & Acquisitions: The Human Factor. Oxford.

Chang, W./Taylor, S.A. (2016) The effectiveness of customer participation in new product development: a meta-analysis, J. Mark 80(1):47–64.

Christensen, C. (2011): The Innovator's Dilemma: Warum etablierte Unternehmen den Wettbewerb um bahnbrechende Innovationen verlieren, München 2011.

Ciesielski, M.A./Schutz, T. (2016): Digitale Führung. Wie die neuen Technologien unsere Zusammenarbeit wertvoller machen, Wiesbaden 2016.

Creusen, U./Gall, B./Hackl, O. (Creusen et al. 2017): Digital Leadership. Führung in Zeiten des digitalen Wandels, Wiesbaden 2017.

Cseh, C./Marx, B. (2016): Technische Trends im Vertrieb, in: Binckebanck, L./Elste, R. (Hrsg.): Digitalisierung im Vertrieb. Strategien zum Einsatz neuer Technologien in Vertriebsorganisationen, Wiesbaden 2016.

Diehl, A. (2019): Design Thinking – Mit Methode komplexe Aufgaben lösen und neue Ideen entwickeln, in: https://digitaleneuordnung.de/blog/design-thinking-methode/

Erickson, T. (2010). The leaders we need now. Harvard Business Review, 2010 (5), 62–67.

Erpenbeck, J./Heyse, V. (2007). Die Kompetenzbiographie – Wege der Kompetenzentwicklung (2. Aufl.), Münster 2007.

Erpenbeck, J./von Rosenstiel, J./Grote, S. (Erpenbeck et al. 2013). Kompetenzmodelle von Unternehmen: Mit praktischen Hinweisen für ein erfolgreiches Management von Kompetenzen, Stuttgart 2013.

Etventure Studie 2019: Digitale Transformation 2019 – Die Zukunftsfähigkeit der deutschen Unternehmen, in: https://www.etventure.de/blog/etventure-studie-2019/

Frohne, J. (2015). Absolventen 2015 unter die Lupe genommen: Ziele, Wertvorstellungen und Karriereorientierung der Generation Y. Eine Studie des Kienbaum Institut @ ISM, Dortmund.

Gebhardt, B./Hofmann, J./Roehl, H. (Gebhardt et al. 2015). Zukunftsfähige Führung. Die Gestaltung von Führungskompetenzen und –systemen. Gütersloh: Bertelsmann Stiftung.

Gehlen-Baum, V./Illi, M. (2019): Lern doch, was Du willst! Agiles Lernen für zukunfts-orientierte Unternehmen, Norderstedt 2019.

Google Adwords (2017): Auf Google werben. https://adwords.google.com/intl/ de_de/ home/.

GPM-Studie 2017: Status Quo Agile. Studie zu Verbreitung und Nutzen agiler Metho-den Eine empirische Untersuchung der Hochschule Koblenz 2017.

Hays   HR-Report   (2018):   Agile   Organisation   auf   dem   Prüfstand,   in: https://www.hays.de/documents/10192/118775/hays-studie-hr-report-2018.pdf.

Hildebrandt, E./Wotschak, P./Kirschbaum, A. (Hildebrandt et al. 2009): Zeit auf der hohen Kante. Langzeitkonten in der betrieblichen Praxis und Lebensgestaltung von Beschäftigten, Berlin 2009.

Hofert, S./Thonet, C. (2019): Der agile Kulturwandel. 33 Lösungen für Veränderungen in Organisationen, Wiesbaden 2019

Ivens, B. S./Rauschnabel, P. A./Leischnig, A. (Ivens et al. 2016): Social Media in B2B-Unternehmen: Einsatzpotenziale in Marketing und Vertrieb, in: Binckebanck, L./Elste, R. (Hrsg.): Digitalisierung im Vertrieb. Strategien zum Einsatz neuer Tech-nologien in Vertriebsorganisationen, Wiesbaden 2016.

IZA Institute of Labor Economics (IZA 2019): Racing With or Against the Machine? Evidence from Europe, in: http://ftp.iza.org/dp12063.pdf

Jochmann, W. (2019) in: https://www.linkedin.com/pulse/top-trends-hr-und-people-manage-ment-2019-dr-walter-jochmann/

Kantar TNS (2017) Connected Life. https://www.tns-infratest.com/wissensforum/ studien/connected-life-consumers.asp.

Keese, C. (2016): Silicon Germany. Wie wir die digitale Transformation schaffen, Mün-chen 2016

Knöchelmann, M. (2014): Disruptive Innovation als Erfolgsfaktor am Beispiel Amazon, Leipzig 2014

Kofler, T. (2010): Das digitale Unternehmen. Systematische Vorgehensweise zur ziel-gerichteten Digitalisierung, Berlin 2018.

Kollmann, T./Schmidt, H. (2016): Deutschland 4.0. Wie die digitale Transformation ge-lingt, Wiesbaden 2016.

Kotler, P./Hermawan, K./Setiawan, I. (Kotler et al 2017): Marketing 4.0: Moving from Traditional to Digital. Wiley, Hoboken NJ

Krebsbach-Gnath, C. (1992): Wandel und Widerstand, in: Den Wandel von Unternehmen steuern. Faktoren für ein erfolgreiches Change-Management, Frankfurt/M. S. 37-55.

Krüger, W. (2002): Excellence in Change. Wege zur strategischen Erneuerung, 2. Aufl., Wiesbaden 2002.

Lamberton, C./Stephen, A.T. (2016): A thematic exploration of digital, social media, and mobile marketing: research evolution from 2000 to 2015 and an agenda for future inquiry. J Mark: AMA/MSI Special Issue 80:146–171.

Lang, R./Rybnikova, I. (2014): Aktuelle Führungstheorien und -konzepte, Wiesbaden 2014.

Laudon, K. C./Laudon, J./Schoder, D. (Laudon et al. 2015): Wirtschaftsinformatik: Eine Einführung, 3. Aufl., Hallbergmoos 2015.

Lichtenthaler, U. (2018): Digitale Transformation und Künstliche Intelligenz: Neue Chancen für das Marketing, in: https://www.absatzwirtschaft.de/digitale-transformation-und-kuenstliche-intelligenz-neue-chancen-fuer-das-marketing-138323/

Lippold, D. (2017): Marktorientierte Unternehmensführung und Digitalisierung. Management im digitalen Wandel, Berlin/Boston 2017.

Lippold, D. (2017a): Warum scheitern zwei Drittel aller Unternehmensfusionen? In: https://lippold.bab-consulting.de/warum-scheitern-zwei-drittel-aller-unternehmenszusammenschluesse.

Lippold, D. (2018): Wieviel Demokratie verträgt Mitarbeiterführung, in: https://lippold.bab-consulting.de/wieviel-demokratie-vertraegt-mitarbeiterfuehrung.

Lippold, D. (2019): Personalmanagement im digitalen Wandel. Die Personalmarketing-Gleichung als Prozess- und wertorientierter Handlungsrahmen, 3. Aufl., Berlin/Boston 2019.

Lippold, D. (2019a): Gefragt ist die hybride Führungskraft. In: https://lippold.bab-consulting.de/gefragt-ist-die-hybride-fuehrungskraft/

Lippold, D. (2019b): Wer Erfolg haben will, muss sich verändern, in: https://lippold.bab-consulting.de/wer-erfolg-haben-will-muss-sich-veraendern-aber-nicht-um-jeden-preis/

Lippold, D. (2020): Ein Leben ohne Social Media ist möglich – aber nicht vorstellbar. In: https://lippold.bab-consulting.de/ein-leben-ohne-social-media-ist-moeglich-aber-nicht-vorstellbar.

Lippold, D. (2020a): Paradigmenwechsel in der Personalentwicklung, in: https://lip-pold.bab-consulting.de/paradigmenwechsel-in-der-personalentwicklung-teil-2

Möller, J./ Schmidt, C./Lindemann, C. (Möller et al. 2015). Generationengerechte Füh-rung beruflich Pflegender. In Zängl, P. (Hrsg.), Zukunft der Pflege – 20 Jahre Nord-deutsches Zentrum zur Weiterentwicklung der Pflege (S. 117–130). Wiesbaden 2015.

Radomsky, C. (2019): Willkommen in der Welt der Digital Natives. Wie Sie als erfah-rene Arbeitskraft Ihre Stärken ausspielen, München 2019.

Reidel, M. (2015): 10 Thesen zur Individualisierung des Marketings. Horizont, 26. No-vember.http://www.horizont.net/marketing/nachrichten/Deutscher-Markenting-Verband-Zehn-Thesen-zur-Individualisierung-des-Marketings-137566.

Riederle, P. (2014) Wir Digital Natives verändern die Welt. WeltN24 GmbH. https://www.welt. de/debatte/kommentare/article135783672/Wir-Digital-Natives-veraendern-die-Welt.html.

Sackmann, S. A. (2004): Erfolgsfaktor Unternehmenskultur. Mit kulturbewusstem Ma-nagement Unternehmensziele erreichen und Identifikation schaffen – 6 Best Prac-tice-Beispiele, Wiesbaden 2004.

Scherer, T. J. (2018): Die Utopie der sich selbst führenden Organisation – Teil 1, in: https://www.linkedin.com/pulse/die-utopie-der-sich-selbst-f%C3%BChrenden-or-ganisation-teil-scherer/.

Scherer, T. J. (2018a): Die Utopie der sich selbst führenden Organisation – Teil 2, in: https://www.linkedin.com/pulse/die-utopie-der-sich-selbst-f%C3%BChrenden-or-ganisation-teil-scherer/

Schirmer, U./Woydt, S. (2016): Mitarbeiterführung, 3. Aufl., Wiesbaden 2016.

Schmidt, H. (2018): Wie Maschinen die Arbeit übernehmen. In: https://www.linke-din.com/pulse/wie-maschinen-die-arbeit-%C3%BCbernehmen-dr-holger-schmidt/

Schnell, S. (2019): Automatisierung vernichtet oder schafft Jobs – je nachdem, wie gut Firmen digital aufgestellt sind, in: https://business-user.de/arbeitswelt/automatisie-rung-vernichtet-oder-schafft-jobs-je-nachdem-wie-gut-firmen-digital-aufgestellt-sind/

Shareground (2015): Arbeit 4.0: Megatrends digitaler Arbeit der Zukunft – 25 Thesen. Ergebnisse eines Projekts von Shareground und der Universität St. Gallen 2015.

Sopra Steria Consulting (2016): Datengetriebene Agilität. In: https://www.soprasteria.de/docs/librariesprovider33/studien/studie_datengetriebene-agilitaet-2016/

Stock-Homburg, R. (2013): Personalmanagement: Theorien – Konzepte – Instrumente, 3. Aufl., Wiesbaden 2013.

Vahs, D. (2009): Organisation. Ein Lehr- und Managementbuch, 7. Aufl., Stuttgart 2009.

Wald, P. M. (2014): Virtuelle Führung, in: Lang, R./Rybnikova, I. (Hrsg.): Aktuelle Führungstheorien und -konzepte, Wiesbaden 2014 (S. 355-386).

Werle, K. (2013). Die Kuschel Kohorte. http://www.manager-magazin.de/magazin/artikel/0,2828,druck-875547,00.html.

Abbildungsverzeichnis

https://doi.org/10.1515/9783110705959-013

Sachwortverzeichnis

https://doi.org/10.1515/9783110705959-014

www.ingramcontent.com/pod-product-compliance
Lightning Source LLC
Chambersburg PA
CBHW061819210326
41599CB00034B/7055